企業再建に生かすリーダーシップ

海外進出企業の新ビジネスモデル

山岡法次
元日本IBM常務取締役

玉川大学出版部

はじめに

世界は確実に小さくなっている。

規模の大小にかかわらず、今やすべてのビジネスがボーダレス、グローバル化という、国境のない世界市場を相手に事業を進めなければならないと言っても過言ではないだろう。

わたしは外資系企業のＩＢＭで三十数年にわたって、開発・製造から営業、海外赴任そして経営まで、幅広い分野を担当してきた。その間、数多くの日本企業と海外企業との企業間提携（アライアンス）にも携わってきた。

ＩＴバブル華やかな九十年代には、ＩＢＭを始め米ＩＴ産業はそろって売上高が大幅に増え、株価も急上昇した。しかし、かつては「アメリカの宝」とまで言われた名門企業ＩＢＭもはびこる大企業病に犯され、ある時期には瀕死の淵に立たされてしまった。

そんなＩＢＭを変革すべく、一九九三年に、ＲＪＲナビスコのＣＥＯ（最高経営責任者）からＩＢＭのＣＥＯに就任し、再び世界に冠たる米国を代表する企業に再生させたルイス・ガースナー会長（当時）の活躍も記憶に新しいところである。

しかし、こういった大企業病は何もＩＢＭだけの問題ではなく、多くの大企業、いや場合によっては中小の企業が実際に抱えている問題ではないだろうか。

わたし自身、これまで国内外のいくつかの企業再建に携わってきた。

再建に携わった会社には共通している点がある。それらの会社は過去にそれなりの素晴らしい業績を上げ、その後急速に業績を悪化させてきていること、そして、彼らはこの業績の悪化を一過性の問題としてしか捉えず、外部環境が激変したことと連動しているという認識が極端に希薄であったことである。再建に成功した会社と、まだ業績悪化に苦しんでいる企業には大きな違いがある。わたしはこの違いを、変化という外部要因をマネージメントが真《しん》摯《し》に捉え、企業内に過去の流れを大胆に変えていくエネルギーを醸成できるリーダーシップにあると自分なりに実感してきた。

本書では、まず現在わたしがＣＥＯとして関わっている東南アジアにある中堅企業の再建について述べる。日本では想像できないいろいろな経験をしながら、大幅な業績低迷から同社を黒字経営に変換することができた。この企業が黒字体質になるまでの過程を振り返りながら、企業におけるリーダーシップとはどういうことかについて考察したい。

次に日本企業と海外企業の違いを読者と一緒に考えていく。企業がグローバル化されつつある現在、その違いは均衡化される傾向にある。しかしマネージメント・人材育成といった分野では、まだ顕著な開きがあるように思える。わたし自身の体験を振り返りながら、ここでもリーダーシップという観点からこれらを考察したい。

そして最後に、とくに若い人がグローバル化された企業環境の中で、これからの企業人としてたくましく生きていくヒントとわたし自身の想いを述べてみたい。本書を通じて、若い諸君が世界の若者と堂々とわたり合い、さらに成長する一助となればと願っている。

なお、本書では二〇〇五年の玉川学園の部・課長カレッジ、および経営学部の特別講演で行ったワークショップの一部を採録させていただいている。この場を借りてお礼申し上げる。

二〇〇六年七月一日　東京にて

山岡　法次

目次

企業再建に生かすリーダーシップ

海外進出企業の新ビジネスモデル

プロローグ

なぜ一八〇日の再建に挑戦したのか

七月のマレーシアは常夏の国とは言え、ややしのぎやすい気候になる。マンゴーやドリアンが美味しい時期だ。二〇〇三年の七月は、このマレーシアの会社の再建を依頼されて、半年、すなわち一八〇日で再建すると約束した結果を示す月であった。

幸い社員皆の力が結集して、奇跡的とも思われる黒字業績を出すことができた。皆と結果を喜び合い、さらにもっと前に進もうと誓い合った、わたしにとって忘れることのできない瞬間であった。この半年は再建計画の第一段階で、現在は引き続きさらなる発展を目指した第二段階に入っている。

本書では、半年で奇跡的とも思われる結果に至った企業再建の経過をできる限り分かりやすく紹介し、読者の方に、企業におけるリーダーシップの大切さの一端でも理解していただければ幸いである。

前々から親しく指導していただいているさる会社の創業者から、マレーシアのこの会社の再建のお話があったのは二〇〇二年の中頃であった。わたし自身はＩＢＭだけの経験しかなく、しかも分野の違う機械関係なので、初めはお断り申し上げた。その後ＩＢＭの上司とも相談したが、会社経営は社員をどのように生かせるかであって、自分が必ずしもその道の専門家でなくてもよいのではないかとアドバイスをいただき、一カ月間の同社内外の状況調査を経て、二〇〇三年の一月にＣＥＯとして再建に取り組むことになった。

マレーシアにある中堅日系企業

わたしが今まで再建に関わってきた会社は、共通して過去にそれなりの素晴らしい業績を上げてきた企業が多い。しかしそれぞれの会社が業績を悪化させてきた大きな原因のひとつは、業績の悪化を一過性の問題としてしか捉えず、外部環境が大きく変化したことと連動しているという認識が極端に希薄であったことであると言える。

今から十数年前、日本の大手企業と精密機械加工会社の出資によって設立されたマレーシアのこの合弁会社も同様であった。主としてＩＴ機器やデジタル家電に使われる超精密機械部品の開発・製造および販売を行ってきている。販売先はマレーシア国内、米国、ヨーロッパ、アジア、日本と広がっており、一日当たり約十万個の部品を生産している。従業員は約一三〇〇人で、そのうち日本人は一パーセントにも満たない。

クアラルンプール国際空港と首都クアラルンプールを結ぶ高速ハイウェイのほぼ中ほどに

大きな工業団地があり、その一角に同社は位置している。

一九九八年に開港したクアラルンプール国際空港は黒川紀章氏が設計し、その広さでアジア最大の空港だ。空港からは四車線の道路が整備されており、この工業団地にはソニー、日立など日本の大企業の工場も数多くある。

わたしが同社のCEOとして再建に関わった時点で、過去数年間、経営は苦しい状態が続いていた。

この会社への着任と同時に、一カ月をかけて行った社内外の状況調査の結果を基に、まず以下の方針を打ち出した。

1　短期間で黒字体質になる目標時期を設定する。
2　改革は重点項目のみとする。
3　顧客最重視の体質とする。
4　従業員の削減は最後の手段とする。

これらに対する施策として、以下のものを策定した。

1　一八〇日で黒字体質に変える工程表を示す。
2　重点改革項目をマネージメントとオペレーション（業務執行）に絞る。
3　顧客志向の体制作り。

この結果、当初の計画どおり一八〇日間で単月での収益が改善し、少額ながら黒字に改善することができた。この経験を通じての最大の収穫は、長い間皆があきらめていた体質改善が可能だと認識したことであった。

そしてまた、この第一段階の一八〇日に及んだ挑戦は、これからずっと続く改革のほんの第一歩を踏み出したにすぎないという認識を持った。以下、章を追って、その後の第二段階改革の経過を述べ、企業における真のリーダーシップについて一緒に考えていきたい。

第1章

企業再建への挑戦

ＣＥＯとして初めての日

午前五時半、回教寺院モスクの拡声器から街に流れるお祈りの声で起こされる。事実この地では、お祈り兼目覚ましの役目も果たしているそうだ。正式に再建を引き受け、ＣＥＯとして初めて出社する日である。

夜勤の社員が帰宅する前の午前八時に、全社員一三〇〇余が集合した。

社員はマレー人が六割の八〇〇人くらい、あとは中国系、インド系と続く。トップ層は中国系、その次がインド系、そして課長以下、係長くらいまでがマレー系である。中国系、インド系ともにマレーシアに住み着いている人たちで、ほとんどが二代目、三代目だという。

まず習いたてのマレーシア語で自己紹介と簡単な挨拶をし、すぐに本題に入った。

英語で話し、同時にマレーシア語に通訳された。ＣＥＯを引き受ける以前に行った、この会社の自分なりの分析を述べた後、わたしがなぜＣＥＯになったたか、目的は何かを話した。この中で、この会社の再建計画を一カ月以内に立てること、そして再建は短い期間で成し遂げる決意であること、万が一再建が果たせなかった場合は、すべて自分が責任をとる覚悟であることを明確にした。また目的達成の暁には、長い間凍結されていた当時の社員の給与についても見直すことを約束した。

こんなに大勢の色とりどりの民族衣装をまとった社員を前にして話すことは、初めての経験だ。なんとなく簡単には事を運べないという危惧を感じた。また、これから遭遇するであろう数多くの未知の世界も克服しなければならないという決意も新たにした。
この後すぐ、幹部を集めて再建の具体的なプロセスに移った。

再建のプロセスの概要

経営状態が刻々悪化する中で、できるだけ早く再建計画を作り上げる必要に迫られていた。したがって最短で、分析後再建実行計画の作定までを一カ月間とした。

一般的に再建という異常事態のケースの場合は、目標値がかなり挑戦的となるものである。しかし行き着く先が明確なので、やるしかないという心理状態になる場合が多い。すなわち実行側からのコミットメント（約束）になる。

そこで、このプロセスを大きく分けて、

（1）分析
（2）問題点の絞り込み
（3）再建基本方針の策定
（4）再建実行計画の作定

と決めた。

（1）分析

できるだけ客観的な分析を行い、まず問題点の把握に努める。
・主要な顧客の経営幹部と関連実務者に直接面会
・次に社内の中堅従業員五十人以上と面接
・最後に三十人以上の社内の管理者と面接
・経営状況の把握

（2） 問題点の絞り込み

この時点で、幹部管理者および一部の中間管理者が参加し、分析した問題点を徹底的に議論しその共有化を図る。その後、次の観点から問題点の絞り込みを行う。
・重点項目のみ
・分かりやすいことに限定

（3） 再建基本方針の策定
・具体的で分かりやすい会社の将来像（ビジョン）の提示
・目標を含めた基本方針

（4） 再建実行計画の作成

基本方針に基いて、すでに管理者と共有化し絞り込まれた問題項目に対する詳細な実行計画を作成する。

・重点項目に限定

・数値目標とその達成期限を設定

・工程表の作成

また、いちばん重要なこととして、この（1）から（4）までの再建プロセスを全社員で共有化することを目標とした。

従来のマネージメントは、基本的に従業員には情報を開示しなかった。これは明確な方針ではなかったようだが、日本人マネージメントが、現地人との相互信頼やコミュニケーションに欠けていた結果、そうなってきていたように思われる。

すなわち現地人は労働力を提供するだけという、旧来の考え方に少しこだわっていた感があった。

わたし自身はＩＢＭというグローバルな企業に長年働いてきた。その経験から、人間の能力の分布は世界中地域に関係なくほぼ同じであると信じている。したがって能力に応じて、現地の人も日本人もまったく同等に扱った。また情報開示の必要がある場合は、これもすべてについて行った。

図1：分析——顧客の声

顧客の管理職および事務関係者と面接 ● 対応が遅い ● 誰が責任者なのかはっきりしない ● われわれの要求がどこまで伝わっているか不安 ● 第二ベンダーに格下げされても危機感が見られない ● 活気が伝わってこない ● 技術力は一流 ● 高品質

再建プロセス——分析

会社再建を要請されたとき、正式に受ける前にまず会社内外の分析をさせてほしいとお願いしたことは前にも書いた。約1カ月かけて行い、まず主要な顧客を訪ね、幹部の方、実際に窓口として実務を行っている社員の方々から生の声を聞いた。

(1) 顧客の声

多くの意見をいただいたが、要約すると、この会社は顧客志向になっていないように思われる（顧客の代表的な生の声を図1にまとめてある）。したがって、顧客の貴重な要求を会社として十分受け止め、それに対応できる組織形態になっていないか、機能していないきらいがある。

一方で、どの顧客も当社の技術力は非常に

高いと評価している。良いものを持っていながら、それを十分生かせていないのは、会社として顧客まで視野に入れた組織形態になっていない可能性がある。事実当社は、顧客も認めるほどとても技術的に優れており、「ナノ加工技術（一千分の一ミクロン単位の微細なものを作ったり、加工したりする超微細加工技術）」や加工機の独自開発もしてきている。またこの精密機械加工会社の創業者は非常に独創性を大切にし、常にベストを追求し続けてきた人物でもあった。

多くの顧客は激しい変化に早く対応してくれることを望んでいる。変化とは数量、価格、品質、納期などの現行製品の物流と、新製品開発に伴う試作などの品質、納期を指す。例えば今までは「月単位」で数量が決まっていたものが、現在ではものによっては「日単位」に変わってきている。これをかたくなに当社のプロセスは「月単位」であるということで変えることができなかった。したがって「日単位」の対応はできませんと言ってきたことがビジネスチャンスを失ってきてしまった（「日単位」の対応については第2章で詳述する）。

すなわち外部の変化に目をつぶって内部の理屈だけで進めてきた結果、ビジネスを減らしてしまっていたのである。

（2） 従業員の声

次に社内の分析に入り、中堅クラスの非管理者を対象に面談した。ほぼ全部門から対象者

図２：分析――従業員の声

- 会社の方針・状況がはっきりしない
- 部門間のコミュニケーションが悪い
- 管理者はリスクをとらない
- 個々人に対する目標が明確でない
- 自分は一生懸命にやっている

を抽出し、全部でおよそ五十人ほどの社員と話した。

従業員の声のうち、会社がどちらに向かって進もうとしているか分からず心配だとするものが、最も多く出された。

次に多かったのは他部門はもとより、自部門内で何が起こっているかが分からないといった相互コミュニケーションの不足を指摘していることであった。

そしてどこでも出てくる声には、自分は一生懸命やっているのに、それなりの評価をしてくれない、というものが多かった。

一方、仕事そのものに不満を抱いている従業員は、意外に少なかった。

どうも従業員は仕事は嫌いではなさそうで、会社の成長とともに自分を生かしていきたいが、会社の方向付けが不明なため、不安定で迷っているように感じられた。

しかし一方で、仕事を「使命（任務）」とは思わず、給料のためにやる「雑用」と感じている雰囲気もあった。

彼らは会社における自分たちの位置付け、貢献が分からず（知らされず）、ただ毎日言われたことをこなしてきていた。そこには公平な評価もないように感じていたようだ。

中堅従業員の多くの生の声のうち、代表的なものを図2にまとめてみた。

（3） 管理者の声

最後にほぼ全員の管理者から、彼らの意見、考え方、行動規範、経営などの聞き取りを行った。管理者も非管理者も共通して指摘している点は、会社の将来像とそこに行く道筋がはっきりしていない、ということが挙げられた。

評価基準を明確にして、働きに対して公平に報いてほしい、という点も共通している。幹部管理者においても、ほぼ同様な傾向が見られる。

幹部管理者に特に見受けられることは、外部の変化を直視しようとしない傾向が強いということだ。さらに外部との比較を避ける傾向も見られる。

したがって旧態然とした組織は、プロセスを守り続けてもあまり疑問を感じていないように見える。リスクをとる必要性に対しても臆病になっている。一方あらゆる場面においても

図３：分析――管理者の声

- 会社の将来像が見えない
- 会社の苦しさを従業員は理解していない
- 業績評価基準が不明確
- 他社と比較することをあまり好まない
- 自部門はよくやっている

耐え忍ぶ忍耐強さはかなり高いものを感じる。

管理者からの多くの生の声のうち、代表的な意見を図３にまとめた。

また日本人などの幹部管理者から現地人の係長クラスまで、管理者の役割認識が希薄であった感は否めなかった。管理者も非管理者と同じ意識で、ただ目の前の仕事をこなしてきた。すなわち給料のためという発想になっていたのである。

管理者の役割は、会社のアセット（資産）を守り成長させること。アセットとは人（従業員）、物（製品）、金（利益）、そして信用力。管理者に対してこれらを守り、成長させることが彼らの役割であるという再教育を行った。その結果は後で詳述するように、全員の意識の向上を見ることができた。

組織自体も、外からの要求や変化に対応で

きるものではなく、顧客との対応に責任を持ってできる組織ではなかった。顧客の要求を受けても、内部でその責任ある受け皿がないため、うやむやになってしまうケースが多くあったことも判明した。

（4） 経営・財務の分析

過去数年間にわたって、当社の経営状態は悪化してきている。この間の粗利益を見ても好調時に比較して八〇パーセント以上低下してきていた。当然、価格や需要の変化などの外部要因も考えられるが、競業他社も同じ条件下にあるので、これについては深い分析はしないことにした。ただし、外部の変化に迅速に対応できる体質になっているかどうかの検証は重要なことであり、この件については後で詳述する。

コストに関わる要素のうち、特に経費、在庫、歩留まり（製品の不良品の率）、購買（原材料を買う費用）が、最も大きくこの悪化傾向に影響を及ぼしていた。例えば、原材料、仕掛、完成品などの在庫は、月間売上と同等か、場合によってはそれ以上になっており、適正な管理・処理がなされていないように思われる。

また客先品質は良いにもかかわらず、社内歩留まりは競業他社と比較してもかなり低いレベルにありそうだ。

購買に関しても、月売上に対して八〇パーセント以上の購買があり、これも適正な計画・

管理・処理がなされているとは思えない。

損益管理は月次で行っていることになっているが、実状は半月から一カ月以上遅れた結果を見るだけに終始している。したがって、必要な行動が適時行われていないように思われる。

総括すると、適正な計画・管理・処理・行動などがほとんどなされておらず、ただ外部要因に振り回されてきていたように思われた。

再建実行計画にはかなり大胆な改善目標の設定と、月次管理から一挙に日次管理に変えるくらいの変革が必要ではないだろうか。これらを幹部社員と話し合うことになるが、再建の要《かなめ》なのでしっかりとした理論武装を準備することになった。

（5）　分析のまとめ

今まで、会社の分析から問題点をいろいろ挙げてきた。

すなわち、顧客の声から見た会社の問題点は、
・顧客の要求を含めた外部の環境変化に迅速に対応する体質（組織形態）になっていない。
・管理者の意識も外を向いていない。
・技術的には優れていながら、現行組織では顧客の需要を適切に生かしきれず、ビジネスチャンスを失っている。
社員の声から見た問題点は、

・会社の将来像（ビジョン）を明確に示していない。
・会社全体のコミュニケーション努力が足りない。
・評価制度が明確でない。
管理者の声から見た問題点は、
・会社の戦略が明確でない。
・管理者は競業他社との比較を嫌う。
・変革に消極的。
・評価制度が会社の業績と連動させていない。
会社経営（オペレーション）の観点から見た問題点は、
・コストに関わる経費、在庫、歩留まり、購買に関して、競業他社と比較してもかなり劣勢にある。
・適切な計画・管理・処理・行動が行われておらず、外部要因に振り回されてきた。
これらの分析と問題点を、幹部社員および管理者の一部と徹底的に討議した。まず現状を認識するのに相当時間をかけた。現状を十分理解し共有化ができれば、再建の成功確率はより高くなると今でも信じている。

ＩＢＭの復活を果たしたガースナー氏

ＩＢＭの復活にリーダーシップを発揮したガースナー氏は、一九九三年の四月にＩＢＭの会長に就任し、再建の手始めとしてまずできるだけ多くの顧客を訪ね、外からのＩＢＭの分析を行ったことはよく知られている。

ニューヨーク・マンハッタンにも多くの顧客がいた。ニューヨークから車で二時間くらい北にあるアーモンクにＩＢＭ本社があるが、できるだけ多くの時間を顧客にさくために、ガースナー氏はマンハッタンにあるＩＢＭビルにいることが多くなった。あたかも本社機能が顧客の真ん中に位置した形になったわけである。

次にガースナー氏が就任早々行ったことは、全世界の社員との会話であった。各国に出向いて社員と対話をし、あるいはテレビ会議で全世界の社員の意見を聞いた。

第一回目の全世界テレビ会議が就任した夏に行われた。各国の社員の前にはマイクが置かれ、順次会長と対話できることになっていた。会長の再建への力強い決意スピーチの後、社員との対話の時間になった。

ヨーロッパの後、日本にその番が回ってきた。幸いなことに私の前にマイクがあったので、チャンスと思い自分の英語力も省みず、挙手して発言を求めた。確か発言内容は技術開発に関することだったと思う。それに対して会長は、自分の言葉で丁寧に方針を話してくれた。

このような対話を通じて、各国の社員と借りてきた言葉ではなく会長自身の言葉でコミュニケーションをされたので、氏の再建への思いが社員には十分に伝わった。そしてこれが、企業存亡の真っ只中にいる全世界の社員にとって、最も勇気づけられることでもあった。

今までのトップはこういうことをやらなかったので、顧客も社内も驚いたが、改革に向けて氏は強力な先制パンチを放った。この結果当然、問題点の認識と共有化は有効かつ迅速に行われたのである。マレーシアのこの会社の場合も、管理者との議論を通じて、再建に必要と思われる若手で、強力な人材を発掘できたことは予想以上の成果であった。

それに反して上級幹部の一部には、どうしても現状の問題認識や外部の大きな変化を理解できず、過去の事例のみにこだわっていた者もおり、残念であった。

再建プロセス——問題点の絞り込み

さて次のステップは、問題点の絞り込みとなる。

いろいろあるが、再建に関わる重点項目のみ、そして分かりやすいことという観点からさらに議論した結果、大きく次の二つに絞られた。

一つはマネージメント、そして二つ目はオペレーション（業務執行）である。

マネージメントでは、

1　会社の方向性を示す「ビジョン」と「戦略」が不明確である。

2　外部の環境変化に迅速に対応できる体質になっていない。

図4：再建重要問題点

問題はマネージメントとオペレーションにある

■ マネージメント
- 企業のビジョンと戦略が明確でない
- 外部の環境変化に迅速に対応できる体質になっていない
- 責任の所在が不明確
- 効果的コミュニケーションに欠ける

■ オペレーション（業務執行）
- 過剰在庫・生産性・過剰購買
- 損益管理

3　責任体制が不明確。
4　社内外のコミュニケーションが有効に機能していない。
ことに絞り込まれた。

一方、オペレーションでは、
1　コストに関わる在庫、歩留まり、購買が競争力に欠ける。
2　損益管理が、計画から結果まで迅速かつ十分に行われていない。
ことに絞り込まれた。

会社の分析から始まって、挙げられたこれらの問題を徹底的に議論し、その共有化にこぎつけることができた。そして、さらにそこから再建に障害となる最重要問題の絞り込みを行った。

以上をまとめると、図4のようになる。

再建プロセス――基本方針の策定

次は再建実行計画のための基本的な方針を打ち出すプロセスとなる。内容は社員にとって分かりやすく、かつ希望の持てるものにしたいと考えた。

今まで管理者と十分議論を尽くしてきたことを基に、基本方針は自分なりに案を考え、次に挙げる四項目を基本方針案とした。

まず第一に、会社のビジョン（将来像）策定を基本方針とした。すなわち、このビジョンは次の二つから成っている。

・三年以内に、マレーシアの業界でトップクラスになる。

・三年以内に、マレーシアで顧客にとっても社員にとっても最も魅力のある会社になる。

そして業績を早急に健全化することにより、社員の自信と活力を取り戻す必要があった。そこで一八〇日以内に業績を健全化するという、冒険的とも言える目標設定を第二の基本方針とした。

第三は、外部の変化に迅速に対応できる体質に変えることによって、顧客志向型の企業に変えることとした。

第四はレイオフ。これは最後の手段とするとした。

企業再建の場合、まずビジョンを描き出すことがすべての出発点になる。

今回は数多くの社員や顧客の声を聞きながら、会社のビジョンを構築していくことになっ

図５：再建基本方針

実行にあたっての基本的な考え方

- 明確なビジョンをトップが示す
- 再建はできるだけ短時間で成果を出す（180日）
- 顧客満足重視の体質にする
- 従業員の解雇はできるだけ避ける（最後の手段）

たが、これが社員に希望を持たせ、やる気を起こさせる鍵を握っている。ビジョンは簡素でできるだけ分かりやすいほうがよい。

例えば、この会社が「三年以内に、マレーシアの精密加工分野でトップクラスになる」というふうに、時間軸と行き着くところを明らかにすることが大切である。

このビジョンが社員の希望につながれば、次にすべきことがかなり具体的に決まってくる。すなわち、目標とする「トップクラス」とは何のことなのかを中心に、具体的に議論が進むことになる。また「三年以内」という時間軸を設定することによって、具体的に細分化された検討がなされることになる。これらを総合したものが、具体的な個々の目標値とコミットメントになるわけである。

図6：ビジョン（将来像）

WAWASAN
(Company Vision)

Untuk Menjadi :

- Sebuah Syarikat Yang Terunggul dan Berteknologi Dalam Bidang Kepersisian Pemesinan Dan Penuang Beracuan
- Sebuah Syarikat Yang Menarik Minat Para Pelanggan dan Semua Perkerja.

Company Vision

In three years we will be one of the best companies in Malaysia in the following :

- Highest skills and quality in Die Casting and Machining industry
- The most attractive to customers and employees

幹部社員と、この基本方針案の最終打ち合わせを行ったが、皆の反応は思ったよりも前向きであった。やはり問題に時間をかけて徹底的に議論した効果だと思われる。

再建基本方針とビジョンは、図5と6に示すとおりである。ビジョンは英語だけでなく、マレーシア語でも示した。図6のビジョンを日本語に訳すと、以下のようになる。

会社のビジョン（将来像）

私たちは三年以内に、業界でトップクラスの会社になることを目指す。

・最高の品質と技術を提供する会社

・顧客と社員にとって最も魅力のある会社

再建プロセス——実行計画の作成

いよいよ具体的な実行計画作成の段階までできた。

基本方針に基づいて、まず今後十八カ月の工程表を描いた。この工程表は二段階からできている。

第一段階は、最初の六カ月間、第二段階は次の十二カ月とした。

第一段階は、できるだけ早く、単月で黒字にすることによって、社員全員に自分たちに意志があれば自分たちの力で復活できるということを自ら体験し、自信をつけることをゴールとした。

財務状況も、これ以上先延ばしできない状況にあった。六カ月は短いようだが、この間で達成できなければ、いくら長く時間をとっても良い結果は出せないと強く感じていた。基本的には、後で述べるタスクフォース（特定の課題について短期間で解決を図るために編成された「特別作業グループ」）の形態をとった。

第二段階は、この復活を確実なものにするために、組織の大胆な変更と能力にあった大幅な人事異動、企業成長のための投資計画実施が根幹をなしている。第一段階は極度に張りつめた雰囲気の中で進められるので、この緊張は六カ月が限度と予想した。しかし第二段階は、暫定的なタスクフォース形態ではなく、第一段階で学んだことを組織として機能するように、人材の配置や育成も考えて十二カ月としたのである。

図7：再建工程表

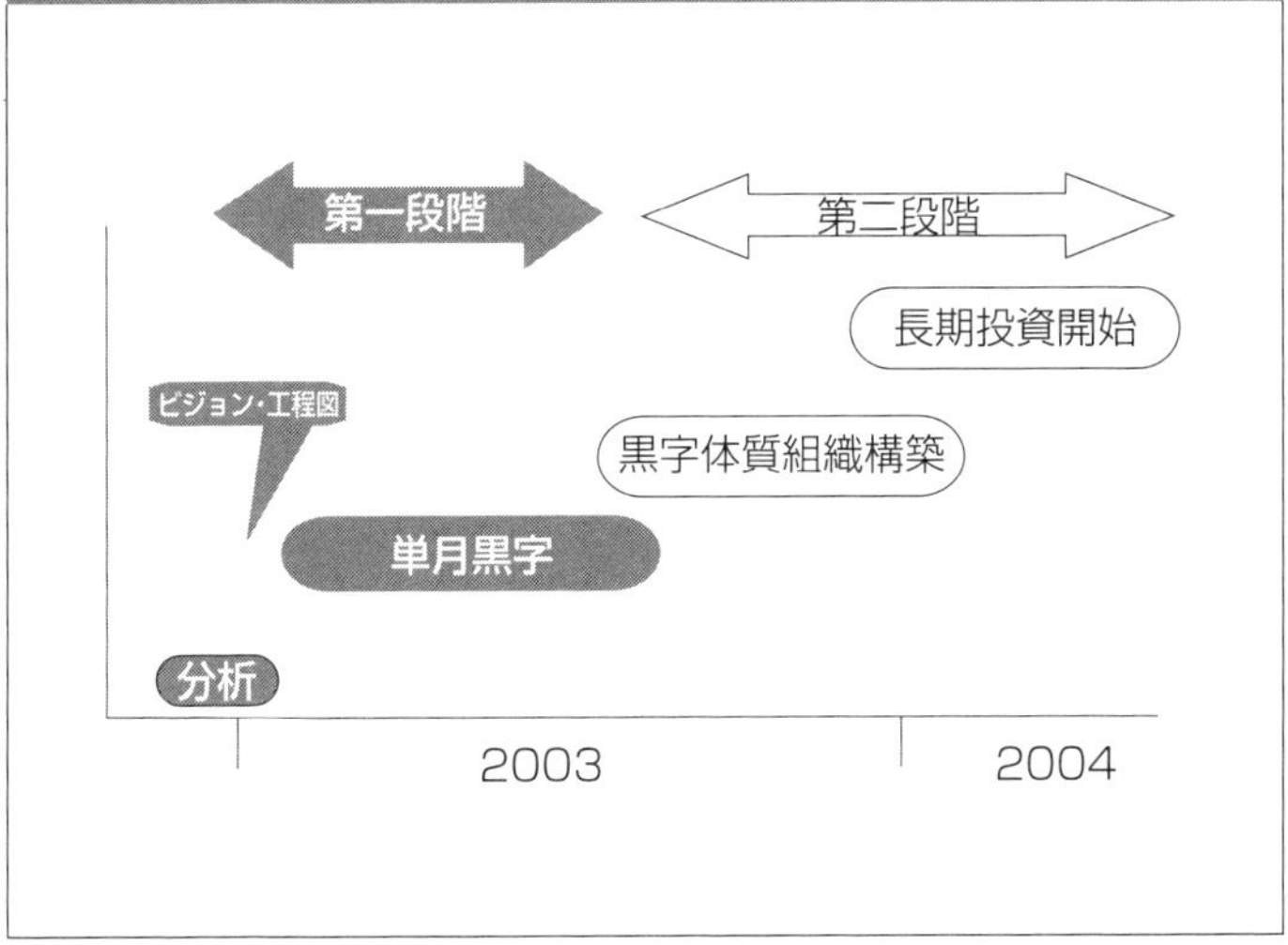

工程表（図7）は、全社員に理解してもらうために簡単で一目瞭然なものにした。

次に再建実行計画に移る。

前にも述べたが、皆で理解したこの会社の問題はマネージメントとオペレーション（業務執行）にあるとし、これらに対する実行計画として次の四つの重点項目を選んだ。

第一に、具体的な長期計画の立案プロセス、簡素な組織体制などの見直しと改革を、マネージメント・システムの改革とした。

第二は、オペレーションの問題で、過剰在庫の低減、購買量低減、経費削減とした。

第三は、会社全体を顧客志向の体質に変えることとした。

第四は、社内の縦横のコミュニケーションを抜本的に変え、効率の良い生産性の高い仕事ができる体質にするとした。

図8：再建実行計画

第一段階目標：

180日以内に黒字を生み出せる企業体質にする

- マネージメント・システムの改革
- オペレーション改革
- 顧客志向の体質に変える
- 効果的コミュニケーション

以上をまとめると図8のようになる。

四つの重要項目を、それぞれの具体的な実行計画について説明していこう。

（1）マネージメント・システムの改革

社員が不安に思っていたことのひとつに、この会社の方向性、すなわち長期戦略が明確でないことが挙げられていた。ここでは明確に精密機械加工業界でトップクラスに三年以内に到達することを目標とした。そしてそこに到達するまでの工程を構築するため、企画部に有能な人材を配した。この部門が行うべき仕事は、トップクラスの定義、競業他社の分析、人材・機械設備の長期投資計画となる。再建計画の第二段階、すなわち六カ月後から実施できるよう、今から六〇日以内に計画策定を完了することを目標とした。

次に多かった社員の声は、明確な評価の仕組みであった。

自分自身の思っている評価と上司のそれとでは倍違うと一般的に言われている。特に多民族のこの国では、これをもっと複雑にしている。過去の話を聞くと、辞めていく人の八割は、この評価に起因しているそうである。そこでより公平にするために、評価項目をできるだけ数値化することとした。

よく間接部門は、数値化できないと言われることが多い。しかし会社は明確な数値化された目標を持って運営されているので、その下部組織が数値化されないことには全体として成り立っていかないという自論をもって社員を説得した。

この会社の現状を考慮すれば、短期的な成果の積み重ねが、長期の成功につながる重要な要素になっている。そこで少なくとも管理者の評価は月次で行うことにした。会社のその月の経営目標、品質、売上、生産、利益、在庫などを管理者レベルまで展開し、月の初めに自分の目標を確認する。月の締めが終わったところでその成果に応じて報酬を出す。

管理者は会社の目標と連動して、評価全体の七〇パーセントを占めることとした。非管理者の評価は、逆に七〇パーセントを所属する部門の目標と連動する。一見無理なことをしているように見られるが、この制度の成果は後に述べたい。

さらに再建実行推進特別チームを結成した。

メンバーは全管理者の約二〇パーセントを選び出してチームを構成し、期限は六カ月間と

図9：マネージメント・システムの改革

■ **長期戦略の策定**
- 精密機械加工業界でトップクラスに3年でなる工程
- 長期投資計画（人材、機械設備）

■ **会社業績に連動した評価制度に変える**
- 従業員は会社目標30%、部門目標70%
- 管理者は会社目標70%、部門目標30%
- 月次評価

■ **再建実行推進特別グループ**
- 管理者の20%を選別
- 最重要オペレーション問題の解決
- 6カ月
- 再建第二段階の新組織の基礎

した。このチームは六つに分け、現状の組織を超えて横断的に重要課題を担当することになる。この狙いはもちろん再建の第一段階を達成することにあるが、第二段階における新組織のリーダーを発掘し、育成する大切な役割も兼ねていた（マネージメント・システムの改革をまとめると図9のようになる）。

次に実行計画二番目の重要項目を述べたい。

（2）オペレーション改革

財務状況の悪化が在庫、材料購買、経費、歩留まりに大きく起因していた。

六カ月後に黒字化するためには、逆算してそれぞれの改善目標を定めなければならない。すなわち、在庫に関しては材料、仕掛を現行レベルから半分に下げることとした。これと関連して材料購買を現行レベルから四〇パーセント低減することを目標とした。経費も同じく三〇パーセント削減を目標とし、三つのサブ・タスクチームがこれらを担当した。

非常に高い目標設定である。しかしタスクチームの反応は思ったより肯定的であった。目標があまりにも高いので、議論の余地がなかったのかもしれない。あることを成し遂げるとき、短期間と高い目標設定は成功するキーワードのように思われる。

前にも述べたが、日々十万個以上の生産を行い、百社以上の会社から、材料などを仕入れている。このような状況下で非常に高い改善目標を持って挑戦するわけである。

策定された改善行動とその成果をできるだけ早く見比べて、次の行動に結び付けることが非常に大切になってくる。そこで以前は月次管理していた事項を、基本的にすべて日次管理に変えた。しかし急にはできないことなので、初期の段階は人海戦術に頼ることとした。平行して現行のＩＴシステムの見直しチームを結成し、六カ月後に本格的な新ＩＴシステムの導入を開始することをチームの目標とした。

前述のマネージメント・システムの改革でのタスクチームとあわせて、六つのグループを作成した。それぞれが目標を持って組織を横断的に動かし、そこで得た体験を次の新しい組織、オペレーションにつなげていく。

すなわち、次の六つのサブチームに分けた。

1　長期戦略構築チーム

図10：オペレーション改革

■ **非常に高い目標設定**
- 在庫　50%削減
- 経費　30%削減
- 材料購買　40%削減
- 歩留まり　20%向上

■ **タスクチーム（特別管理者グループ）**
- ６つのサブ・タスクチーム
- 試行錯誤の体験を改革第二段階の新組織構築につなげる

■ **月次から日次管理に変える**
- 現行 IT システムの再構築

2　在庫削減チーム
3　購買改革チーム
4　経費削減チーム
5　歩留まり向上チーム
6　ＩＴ改革チーム

以上のオペレーション（業務執行）改革をまとめると図10のようになる。

次に、実行計画第三の重要項目を述べたい。

（3）　顧客志向の体質に変える

どの企業でも昔から、「顧客志向」「顧客満足度向上」「顧客第一」などを目標として掲げている。

しかしこの意味していることが、本当に分かるのは、残念ながら経営状態が非常に悪化したときだ。

「顧客があって、初めて企業が成り立つ」という、この単純明快なことが心から分かるのは大きな痛みを受けたときのみ、と言っても過言ではないと思う。

また真に理解したということは、顧客の声を素直に聞くようになることである。そして企業の一人ひとりが、それに迅速に対応する基盤を作る絶好のチャンスでもあるとも言える。

ＩＢＭも一九九〇年前後に、もはや回復の見込みなしと言われるほど経営状態が悪化したことは前にも述べた。ＩＢＭは、それまではどちらかというと、企業として傲慢に近い印象を与えていた。この時を契機として、トップが率先して世界中の顧客の声を聞き始めた。そして企業全体が背水の陣の気持ちになり、その貴重な声を経営方針に積極的に反映していった。それ以来ＩＢＭは、社員一人ひとりが真に理解した「顧客志向」を推進し続けている。

マレーシアの当社の環境も、この再建のプロセスがある意味では顧客志向の体質に変える絶好の機会だと思った。

体質を変えるために、次の二つの行動計画を立てた。

一つ目は、顧客の声、苦情などを管理者全員で知るプロセスを作った。そして顧客への最初の対応を二十四時間以内とした。

二つ目は、第二段階の新組織を考慮して、顧客満足度向上委員会を発足した。重要と思われる顧客の苦情を分析し、その原因を徹底的に解明し、会社の仕組みとして問題があればそれを直していく幹部管理者の委員会とした。委員長はわたしが務め、各部門の長を委員とし、

図11：顧客満足度重視

- 意識改革「顧客の満足なくして再建はあり得ない」
- より高い満足度向上のための社内プロセスを構築する
- カスタマー・クレーム対応プロセス
  すべての顧客クレームを全管理者が日単位で管理
- 顧客満足度向上委員会
  トップのリーダーシップで社内プロセスの改革

毎週一回の割合で進めていった（顧客満足度重視については図11を参照されたい）。

最後に効果的なコミュニケーションの実行計画をまとめると次のようになる。

（4）効果的コミュニケーション

社員や管理者の声の中で、多かったものが組織の縦横のコミュニケーションの悪さであった。組織的に階層が多く、迅速に末端まで伝わりにくい状況であることも事実であった。またトップからの方針や状況説明なども決して十分とは言えなかった。

そこで第一段階での改革では、徹底してトップからの情報伝達に重点を置いた。

多民族という状況を踏まえ、また十分な理解をしてもらうために、基本的に二重の方法をとった。すなわち対面対話と、その内容を

図12：効果的コミュニケーション

- トップの方針決定事項などを自ら全員に伝える
- 情報の伝達は継続する
- 全体会議（四半期ごと）
- 全管理者会議（毎月）
- 全管理者へのトップからのＥメール（毎週）
- 特別管理者グループとの会議（毎週）

文書やＥメールで送り、理解を確実なものとした。再建の方針から始まり、実行計画、そして進捗状況をかなりきめ細かく頻繁に伝達した。

週一回の幹部会とタスクフォースの進捗状況を踏まえて、月一度の全管理者会議では会社の方針とそれに対する実行計画の進み具合、問題点を細かく報告した。

四半期ごとに全社員を前に、同様な説明も行った。

また、これらを徹底するために、毎週主任以上の社員、管理者に対してはわたしからＥメールを送り、今何が起きているかを分かりやすく説明した。

効果的なコミュニケーションの実行計画のまとめを図12に示す。

コミュニケーションの大切さ

コミュニケーション重視については、ガースナーIBM元会長も人事政策の面で顕著に示された。

新会長就任後の社員の関心事のひとつは人事であった。

ガースナー会長のまず行った人事のひとつは、広告宣伝（マーケティング）部門の強化だった。これには皆が意外だと思った。しかし氏の狙いは、全世界の市場に対して一本化されたIBMイメージを広めることにあった。そして広告宣伝というコミュニケーションを通じて、会社を正しく市場から理解してもらうことに重きを置いたことになる。

このようにIBMにおける顧客、社員、そして市場への周到なコミュニケーションは、氏の会長在任中ますます磨きがかかっていった。

会長職を退いた後、『日本経済新聞』の「私の履歴書」に、ガースナー氏は以下のような自伝を書かれている。

「指導者の条件として指導力はコミュニケーション能力でもある。率直に、頻繁に、しかも喜んで相手の知性に敬意を払いながら正直に意思表示していくことが重要であり、自分の真意をあいまいにごまかす表現、二枚舌は決して使うべきではない」

第2章

再建計画の進捗状況と社員の反応

再建計画の発表の日

ＣＥＯとして一カ月前に全社員の前で約束した再建計画の発表の日がきた。午前八時、ほぼ社員全員の一三〇〇人が裏門の広場に集まった。夜勤の社員も参加できる時間だ。この時間帯は日本の初夏にも似てさわやかで、緑の風が心地よく吹き抜けていく。少し覚えたマレー語、インド語、そして広東語で最初の簡単な挨拶をした。その後は英語で行った。

明らかに社員の関心事は、会社がそして自分はどうなるかに集まっているように思える。再建の基本方針をまず話した。一八〇日で財政状況を好転させると言ったとき、ざわめきがあちらこちらで起こった。さらに三年以内に業界でトップクラスの企業になる具体的な計画も話した。社員の解雇などは、今考えていないし、目標が達成できれば、それに見合った待遇も考えていることも話した。

三十分ほどで終った。

集会が終ってからすぐに、中堅クラスの女子社員がわたしに話しかけてきた。中国系マレーシア人で、創業以来ずっとマーケティングに携わってきた愛社精神の高い社員だ。実はこの会社に将来はないとあきらめて辞めようかと決めていたが、もう少し様子をみることにしたと真剣な目つきで話してくれた。まだ若いが三人の子どもがいるという。共稼ぎだが驚くほどよく仕事をする。子どもの面倒はどうするのか、他人事ながら心配してしまう。

一方、社員の中には厳しい見方をする者もいた。大きな企業で経験してきたことでも、中堅企業で必ずしも通じるとは限らないと、かなりクールに見る人もいた。

わたし自身は、経営の本質は規模の大小には関係ないと思っている。そこで特に社員を前にしたこの集会が自分の気持ちを伝える良いチャンスと考えた。再建を成功させる鍵は企業の大小が問題ではなくて、トップの強い意志と全社員の目標に向けた心からの理解と努力であることを心を込めて話した。そしてわたし自身も、精神論だけではだめで皆に見える形で示さなければいけないという思いを強くした。

話の中で特に強調したのは、ここに来たのは腰掛けではなく会社再建を体を張って社員と成し遂げるという意思表示であった。もしうまくいかなければすべて自分が責任をとる。そこで賭けに出た。短期間で成果が出なければ自分は退くと約束した。すなわち長い間低迷していた企業を一八〇日で黒字にすると明言したのである。その時は勝算はあったものの、不安も大いにあった。しかしこれ以外の方法もなかったこともあり、あえてここは賭けに出た。

いよいよ実行計画の開始である。

六つのタスクフォースを中心に長期戦略の具体案作成、オペレーション改革、購買改革、トップからの頻繁なる情報伝達、そして顧客との信頼関係再構築など、それぞれ目標を持って動き出した。

ここで最も期待していることのひとつに人材発掘と育成がある。多くの管理者と実行計画を議論し合っている中で、将来の幹部管理者候補をそれぞれのタスクフォースのリーダーに選んだ。

・A君は自部門の枠を越えて、部門間の問題を何とか解消しようと努力していた。
・B君はチームとしての高い目標値を設定し、達成することを約束してくれた。
・C君はあまり目立たないが、発言したことと実行することがいつも一致して信頼のおける管理者だ。
・D君は定期的に進捗状況を把握して適切な助言を与え、常に目標に向かっていることを確認している。
・E君はいつでも明るく、ややもすると厳しい将来をとても説得力ある指導で上向きに導いてくれる。
・F君は現実を理解したうえで長期的視野で物事を判断し、実行可能なレベルまで具体化してくれる。

それぞれが良い面を持っている。お互いに切磋琢磨してほかの良いところを学んで成長してくれればと願っている。

九〇日間の進捗状況

CEOに就任してから早くも三カ月が過ぎた。

その間、管理者と再建計画を練り全社員の前で発表した。六つのタスクフォースも精力的に動き出した。

全体としてほぼ計画どおりに進みつつある。社内の理解と協力体制も思った以上に整ってきている。しかし部品や材料を供給してもらっている協力会社への説得は、もう少し時間がかかりそうだ。すでに主だった協力会社の社長とは面会して、われわれの計画をかなり詳しく説明し協力をお願いした。

この三カ月の間、いろいろな経験と今後の運営に役立てていく新たな発見もあった。

わたしは必ず、管理者と社員に週一回は会議やEメールで再建の進捗状況や問題点を説明している。それぞれのコミュニケーションは基本的には英語だが、社内ではマレー語や広東語が通常多く使われている。社員全員を集めて話す場合は、赴任後間もない頃は挨拶程度の簡単なマレー語や広東語、そしてインド語などを少し入れて説明した。最近では十分くらいの長さの話をまずマレー語で話すことにしている。正直言って自分のマレー語は幼稚極まりないが、少なくとも社員たちもその誠意は認めてくれ始めた。

習慣にとけ込むために、昼食は最初から社員食堂で食べた。係りの人が特別席で日本食（もどき？）を用意すると申し出たが、当然ながら遠慮した。

インド系マレーシア人の社員が隣のときは、なぜ素手で食べるのかと聞いたりもした。彼は喜んで心から信じていることを、こう説明してくれた。

「右手は神聖であり、その手から出るミネラルやビタミンなどが食物とよくとけ合って、それを食べるから体が丈夫になる」こういうときは決して反論したりしてはいけない。われわれも縄に熨斗《のし》を付けた場所は神聖だと信じているのだから。

●右と左の区別

マレーシアで右と左の区別を間違えると、とんでもないことになる。

左手で食事をしている人を見たら、インド人は驚きを超えて軽蔑の眼でその人を見るだろう。

イスラムの人も右手で食事をとるが、このマレーシアでも左右の役割への認識はもっと徹底しているように思われる。例えば空腹の場合、体を横たえるときは右腹を下にする。食事の後は左腹を下にする。上向きになって横になることは普通はしないそうだ。

また不浄の場へ足を踏み入れるときは左足から足を出す。そうでない場所は右足から踏み入れるそうだ。そういえば会社のトイレの扉は右開きになっている。左足が自然に先に踏み込めるわけだ。出るときはその逆だから、右足から浄の場に出られることになる。同じようなことが家の玄関にもしっかりと組み込まれている。家に入るときは右足から、出るときは左足から自然と動けるようドアの取り付けがしてある。

建物を建てる場合、ドアのひとつにもこのような気配りをしたのだと思うと、改めて左もうひとつ反論したり、怒ったりしてはいけないものが、正月とか聖なる日が休日として宗教ごとに一年中あるように思えることである。一月の年初めの祝い、二月の中国人の正月、マレー人のHari Raya Haji、インド人のAwal Muharam、五月がマレー人のモハメッドの生誕日と中国人のWesak Day、六月はマレーシア国王の誕生日、十月がマレー人のNuzul Al Quran、十一月が同じくマレー人のHari Raya Puasaとインド人のDeepavali、十二月がクリスマスなど、それぞれの宗教にとってはわれわれの一月の正月と同じくらい大切なものだ。

会社としてもこれに合わせて生産計画を立てるが、やはり現実は大勢の人間がほかの宗教の休日も一緒に休んでしまうのでいつも番狂わせになる。われわれの顧客は国外が主なので、国内事情で出荷が変わることは一切認めてくれない。いく度もお詫びと対策を立てて顧客のところへ行った。これに腹を立てたり社員を強制的に働かせてはならない。彼らの文化・習慣をよく理解して、会社の人員構成、配置をきめ細かく画一的ではない複合的で補完性のあるものに変えていった。例えばベトナム、ミャンマー、インドネシア、そしてネパールなどの国からの人を増やすことにしたのもこの考えによるものであった。

このように、言葉の問題やさらに違う文化や習慣にうまく対処する努力を会社としてやっていかなければならない。

少し寄り道になるが、思っていることをひとつ付け加えておく。つくづくわたしたちの日本はこのような問題がなく、一見幸せそうに思いがちだ。

三十数年前初めて米国に出張したとき、多民族国家の持つ苦悩とそれを克服する努力を目の当たりにした。例えば小学校では、たったひとりの英語を話せない日本人のわたしの子どもに対して、係りの先生が授業に差し支えがなくなるまで教えるシステムになっていた。われわれから見ればとてもありがたいことだが、当時は何と無駄な経費と労力を使うのだろうかと思った。しかし、このような努力があらゆるところで積み重ねられてきた国とそうでない国とでは、今後のグローバル化された社会での発展において差が出てくるのはむしろ当然かもしれない。

中進国と言われるアジアの国々でも、同じような努力を国や企業が懸命に行ってきている現状を見ると、われわれ日本は何か取り残された気さえしてくる。そして再建を通じてこの会社も、懸命な努力を続けなければならないことを学んだ。

この会社に赴任してから、生産現場には必ず一日に一度は回ることにしている。現場にはすべてのことが凝縮している。赴任して時間がたったこともあり、食堂で知り合ったインド系マレーシア人社員も現場の機械の前で手を振ってくれる。嬉しいことだ。二、三カ月もすると、かなりの社員がわたしを認識してくれるようになった。これで少しはEメールにも目を通してくれるかなとひそかな期待を持った。

会社の総合力を考えると、女性社員の活用が会社を左右するほど重要な問題となっていることが分かる。この会社でも多くの女性が管理者として頑張っている。今後も有能な女性を確保することが大切になってきそうである。どうしてこの社会では、女性が頑張ることができるのだろうか。本章の始めでも触れた、再建計画発表の直後にわたしのところに話しにきた優秀な女性の例を紹介しよう。

この女性は若いが三人の小さな子どもを持つ主婦である。住み込みのお手伝いさんを雇って仕事に精を出している。夫婦ともに管理者ではないが、この国では平均的な社員である。したがって特に給与が高いわけではなく、マレーシアでは年相応の収入だと思う。しかし住み込みのお手伝いさんを雇い、子どもの面倒から家族の食事、洗濯まですべてをまかせている。

わたしの秘書も同様で、この国では住み込みのお手伝いさんを雇うことは特別なことではないらしい。女性の社会進出をこれほどまで考えているこの国の行き方にうらやましさを感じた。外国人のお手伝いさんでも、ある一定の基準さえクリアすれば誰でも雇うことができる。次にうらやましいことは、平均的な家族であればお手伝いさん用のバス・トイレ付きの部屋が提供できる住宅水準にあることである。したがって、女性も何の心配もなく仕事に打ち込めることになる。国や企業は能力のある人を求めている。女性に働きやすい環境を提供することは当然の結果なのかもしれない。そういえば大統領や閣僚にも多くの女性が活躍している。われわれの会社でも管理者の女性はとても優秀である。

一八〇日後、目標はどう達成されたか

いよいよ約束の一八〇日目が近づいてきた。

六つのタスクフォースのうち、高い目標を掲げた在庫削減、経費削減および歩留まりの向上は順調に進んでいる。購買価格削減も、協力会社の協力や設計の見直しのおかげで目標値に向かい始めた。

もともと技術力のある会社である。設計段階でコスト削減ができるものもすべて洗い直した。また製造工程も徹底的に見直した。今まではなかなか出てくる雰囲気のなかった現場の知恵が、幸いあちらこちらの工程から多く出されるようになった。もちろん効果のあるものは即採用したことは言うまでもない。

これらは比較的皆が行動に移せたものであったが、手間取ったのは管理体制の改革であった。

これまでの月次管理のほぼすべてを日次管理に変え、必要な対応と対策をその日のうちにとるようにした。すなわち生産量はもとより在庫、損益までを徹底して日次管理に変えようとしたのである。これには思ったより皆が苦労した。日次管理にするということは、例えば月決めの給与システムを日決めシステムに変えることをはじめ、日次の損益計算ができるこ

とになるといった具合に、思わぬところに変更が波及していった。また時間もかかったが、なんとか人海戦術とＩＴの機械化を平行しながら進めることができた。

　このようにあらゆるところで今まで眠っていた本来人間が持っている向上力が、一気に活動を再開したような雰囲気になった。こうなると多少の困難はかえって刺激になって、さらなる向上エネルギーを引き出すことになる。数パーセントの向上に対しても今まではできないと理屈を言っていた社員たちも、今では数十パーセントの改革に喜んで挑戦している。大きな改革のうねりが会社全体を包んで、強力なエネルギーの塊となって予想以上の成果を生み出してきている。

　しかし問題もあった。

　上級幹部の一部にはこの波に乗れずに過去のやり方に必要以上にこだわり、結果として浮いた存在になってしまった者も出てきてしまっていた。これらの上級幹部は過去に築いた輝かしい業績を振り返り、そこから何らかの改革案を導こうとした。これ自体にはわたしも特に反対はしなかったが、彼らに欠けていたのは、外部の環境が大きく変わってしまっていることをなかなか理解しようとしなかった点にあるように思われた。またたとえ変化を理解したとしても、それが会社経営にどのような重大な影響を及ぼすかまで分析し得なかったとも思われた。

改革の成果が出てくるにつれて、この一部の上級幹部に対する不満や苦情がわたしのところにも多く届くようになった。また逆に改革が少しでも遅れれば、この上級管理者から強硬な批判が突きつけられた。

こういう状況下で皆を引っ張っていくには、安易な妥協をせずに予定した行動を予定どおりに行い、予定以上の成果を出す以外の道はないと信じてきた。当然場合によっては強引すぎると言われたりもした。このような状況を改善するために、少しでも進展があれば即全員がそれを分かり合える仕組みにした。後ろ向きなことより前に進んでいることのほうが多いことを知れば、会社全体としてのモラール（士気）を損なうことなく前進するものである。

その仕組みのひとつが、前にも述べた目に見える「日次管理」を行ったことであった。

会社経営の重要な要素を大きなホワイトボードの上に貼り付けて、誰でもが目標に対しての進捗状況を一目見ただけで分かるようにした。すなわち、日々の売上、生産量、歩留まり、購買量、在庫、損益、顧客クレームなどを製品別に分かりやすく示したのである。

特に損益などの情報は機密性が高いものである。しかしあえてこれらの情報を開示し共有しようとしたのは、皆が会社の変わっていく真の姿を理解して、高い目標に挑戦する意欲を期待したからである。もちろん社員を全面的に信じたうえでのことである。

初めは戸惑いで見ていた社員たちも会社経営全体の流れを理解するにつれて、その一部である自分たち自身の役割や重要性がはっきり分かるようになってきた。くどい説明よりはるかに効果的であった。

在庫は、しばしば生産現場の総合力と言われている。生産プロセスのリードタイム（発注が出てから納品するまでに要する時間）、歩留まり、購買量などが需要の変化に対して最適化されていれば、最小限の在庫ですむことになる。日に十万個以上の生産量と一週間単位での需要の変化に対応できる最適在庫レベルは、現状から少なくとも五〇パーセントの削減が必要と考えて目標を立てた。そのために歩留まりの向上と購買量の削減を、それぞれ二〇パーセント、四〇パーセント以上としたことは前にも述べた。

改革過程の中ほどで、ある幹部管理者がわたしに忠告してきた。その忠告の中身は、短い期間であまりにも多くのことを追求しすぎるということであった。

この幹部管理者は積極的に改革を推進してきているひとりであった。この人が言ってくるぐらいだから、ほかの社員たちはもっとそう思っているかもしれないと、その時は内心危惧を抱いた。しかし個々の人間の持つ能力は際限なく大きく広がっていくと信じていた。そして挑戦しているうちの中で半分以上が達成できればよいと、わたし自身も腹をくっているということをこの幹部に話した。ただしその能力を発揮できる環境を作る必要があることも付け加えた。

すなわち他人から押しつけられて仕方なく行動していくのではなく、自分のものとして自分の成長に役立つことをしていくのだという意識を持たせることが大切になるのである。よ

図13：人事管理

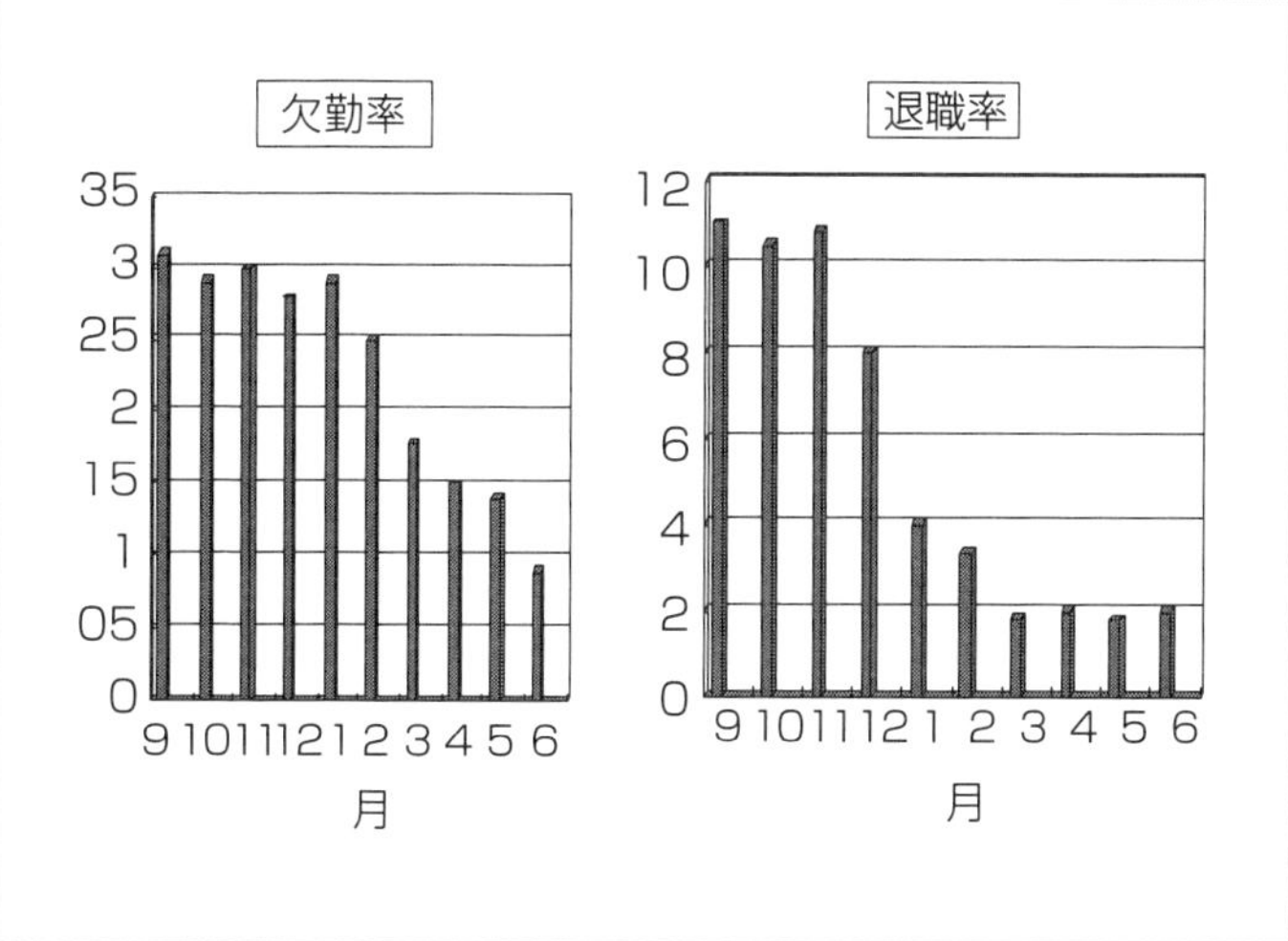

って高い目標を示し、そこに到達するプロセスを完全にまかせることにしたのであった。

またここで強いリーダーシップが求められるということは、すなわち、

1　自己意識の高まった個々人の持つ能力を全体の中でどのように最適化していくか

2　個々人やグループが挫折や困難に直面したとき、モラール（士気）を落とさずに適切なアドバイスができるか否か

ということであることも話した。

この幹部は「やるしかない」とだけ言ったが、その時点で本当に納得してもらったかどうかは定かではなかった。

その後も多くのプロジェクトの成果が出始め、今に至っている。

最大の目標であった「単月次」での黒字化

図14：オペレーション改革の成果

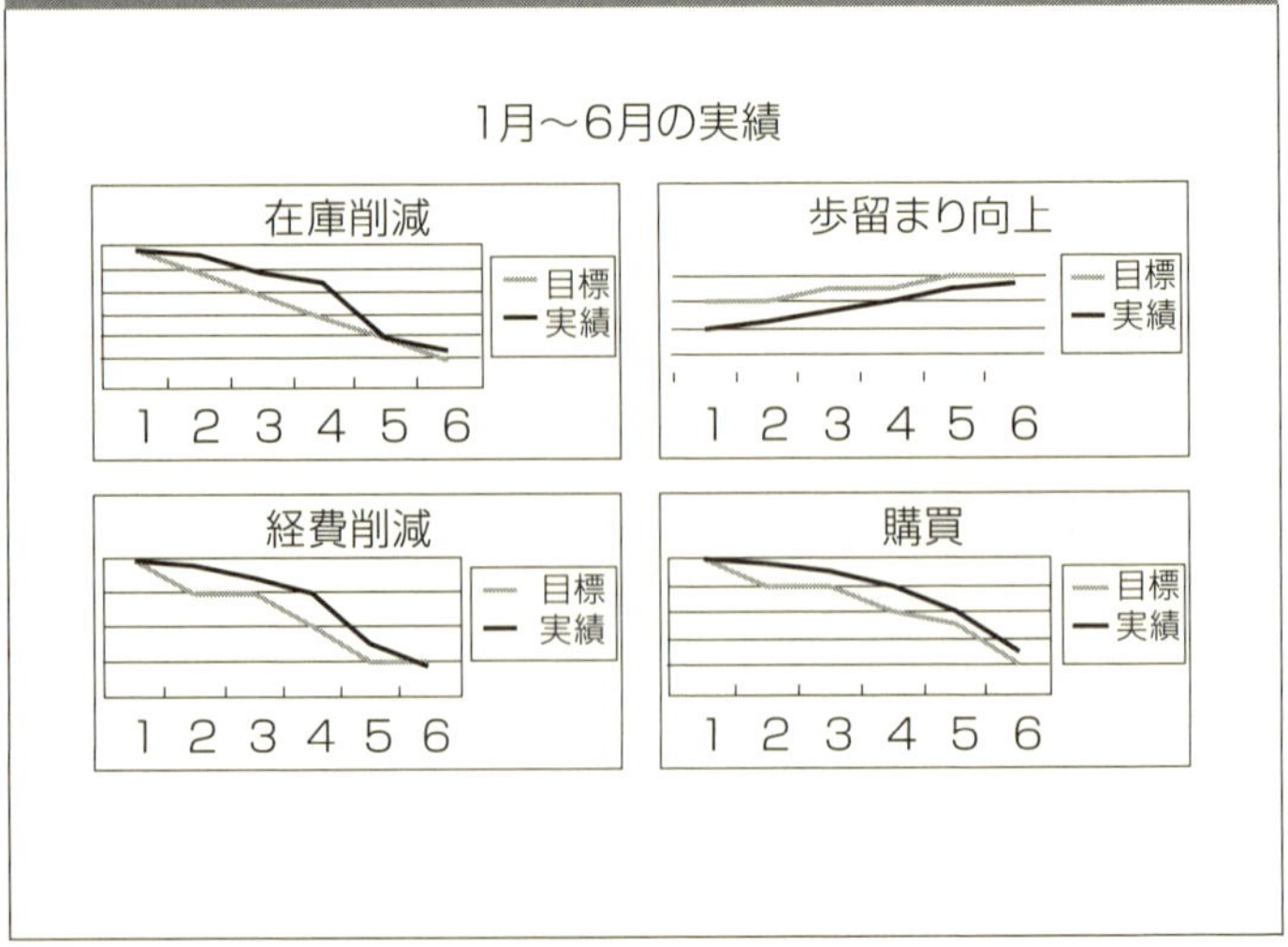

は大幅ではないにしても、まずは達成できた。

それを支えたそれぞれのプロジェクト、すなわち在庫削減、購買削減、経費削減、歩留まり向上などは、ほぼその目標をクリアした。

一方、このような改革期に注意しなければならないことは十分な人事管理だ。組織的にも流動的であり、従来のプロセスが必ずしも守られているわけではない。

しかし幸いモラールも上がってきていることもあり、懸念していた退職率や欠勤率が改革前に比べて大幅に改善されてきた。全員が困難に挑戦して力を出し切った結果、従来の不平不満が大幅に減少した結果だと思われる。アジア各国での平均退職率は一〇パーセント以上と言われている。当社も以前はそれに近かったが、今では一パーセント台になっている。欠勤率も驚くほど改善され、従来の三分

図15：売上総利益

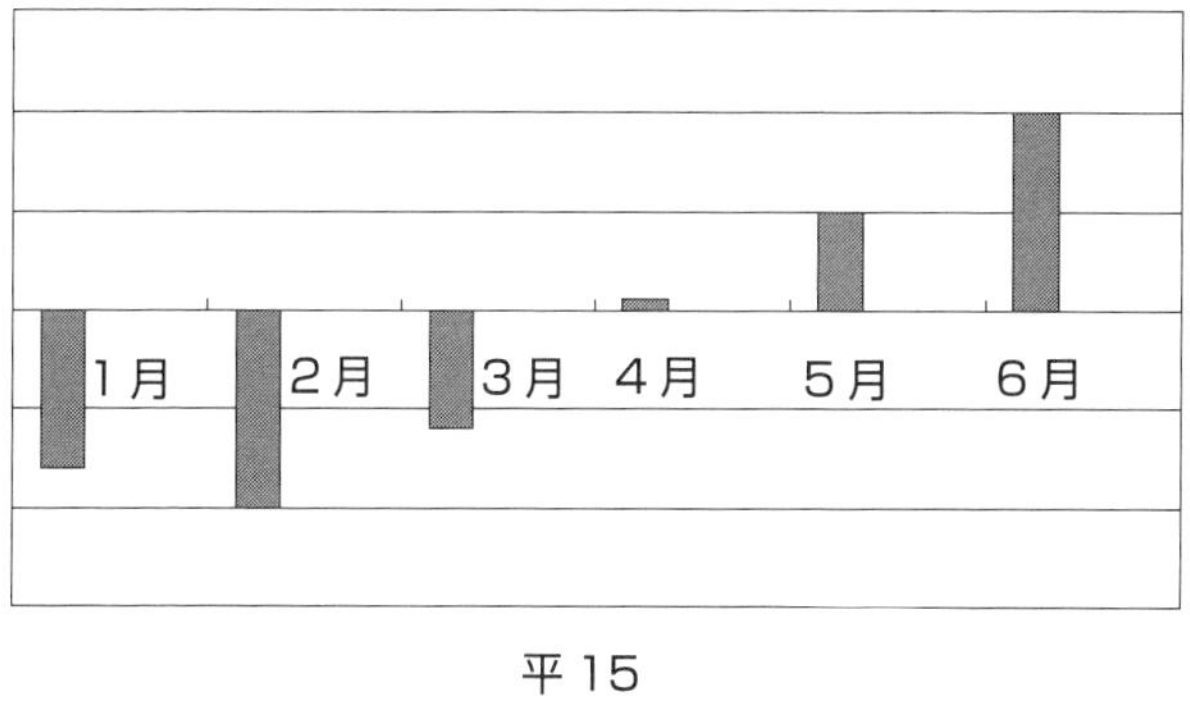

の一にまで減少した。このことは今後の人事管理を行ううえで大いに参考になった。すなわち全員の目標を会社の向かう方向と整合性のとれた明確なものとしたのである。また、それに対する評価も月単位で行った（人事管理、オペレーション改革の成果、売上総利益については、図13～15をご覧いただきたい）。

リーダーシップは再建にいかに生かされたか

ここでは一八〇日間の再建活動を、リーダーシップの観点から振り返ってみたい。再建の実際の活動に入る前にかなりの時間をかけて、会社の分析を行ったことは前にも述べた。顧客からの貴重な意見をいただき、その後、社員、管理者と面談し、最後に経営状況を分析した。ここから出た結果によって、この会社が外の環境の変化に対応できなかったことが明らかになった。特に幹部管理者に要求されたことは、外部、すなわち顧客、競争相手、業界の変化に敏感に反応し率先して対応策を迅速にとることであった。

私見として、わたしたち日本人はあまり変化を好まない体質を持っているような気がする。日頃のわたしたちの挨拶の中には、「お変わりありませんか」という言葉が自然に入っている。変わりがないと聞くとお互いに安心し、居心地の良さを感じる。ところが外国の場合、例えばアメリカの若者の挨拶は"What's up?"(何か新しいことない?)、中年になれば"What did you bring?"(何か変わったことある?)と、まず「変化」という興味ある話から会話が始まる。すなわち「変化」を受け入れやすい体質のように思われる。

企業として生き残るためには、顧客や市場のニーズの変化を柔軟に受け入れ機敏に対応できる社内体質に変えていくことに対して、強くて息の長いリーダーシップが求められる。それゆえ当社の場合も、まず幹部が率先して顧客を訪問しニーズや苦情を聞くことから始めた。顧客と一緒になってニーズの先取りができることを将来の目標とし、そのためにも社員の意識改革と社内プロセスを外向きの対応に変えていったのである。

再建目標が決まり、次は実行段階となる。

この段階で求められるリーダーシップは、タスクチームを中心とした実行部隊が困難な目標を達成できるように導くことになる。またそれぞれのチームリーダーは効果的なコミュニケーションによって、チームの目標を達成するという強い意識を組織内で醸成することを求められる。すなわち、ほかから強制的に押しつけられるのではなく、自分たちの意志で会社を変えていくのだという強い意識を持たせることになる。そして定期的に全体の中でのそのチームの進捗状況を聞き、励ましや助言を与えるのがわたしの仕事となる。またチームに対して信頼を示すことを忘れてはならない。多くのチームが同時に行動を進めている中で、率先してチーム間の枠を越えた働きを奨励することも大切だ。こうした行動は明確な形で評価することにした。

どのような行動過程においても、難しい決断を迫られるものである。特に再建という状況下では十分なお手本があるわけではない。再建達成というあまりにも選択肢のない目標に向かう過程では、さまざまな決断が必要となる。すなわち決断力という重要なリーダーシップが要求されるのである。

方向性を示すこと、目標を決めること、障害に対する打開策を決めることなど、不十分な情報のもとでこれらに決断を下さなければならない。

図16：再建に生かされたリーダーシップ

■ **外部の変化に対する洞察力**
- 外部の変化を柔軟に受け止め、そのニーズを鋭く洞察し、社内体質を変えていく

■ **目標達成への推進力**
- チームワークを通じて目標達成への推進力となる

■ **決断力**
- 難しい局面でもすばやく決断を下し、行動につなげる

■ **再建への厚い思い・情熱**

この一八〇日間で最も重要だったことのひとつは、難しい決断をした後はそれをつらぬき通し後戻りしなかったことだったと思う。それが再建のためであれば、さまざまな抵抗や反対があっても、それをくつがえすことはなかった。

いろいろな場面で、それに対処するリーダーシップが発揮できることが理想となる。しかしひとりですべてのリーダーシップ能力を持つことはなかなか難しいことである。今回の再建に関しては、特に重要と思われるリーダーシップ能力を持つ社員を選抜して、それぞれの場面に組み合わせて対応してきた。すなわち、これらのリーダーシップは、

1　外部の変化を柔軟に受け止め、そのニーズを鋭く洞察して社内体質を変えていくこと

2　チームワークを通して、目標達成への推進力となること
3　難しい局面でもすばやく決断を下し、行動につなげること
となる。

そしてこれらを支える基本となる再建に対する皆の熱い思いと情熱が、今回最も大切なことのように思われた。

再建に生かされたリーダーシップを図16でまとめてみる。

第3章

再建第二段階

再建第二段階の挑戦

再建第一段階が予定どおり目標を達成して終了することになった。

今回の再建の以前にも、今まで長い間同様の挑戦をしてきたにもかかわらず、どうしても経営を好転させることができなかったこともあって、会社全体が沈滞とあきらめムードに包まれていた。

しかしこの短期間での目標達成の成果は、全社員に自分たちもやればできるという大きな自信と勇気をもたらした。そしてあきらめていた誇りも次第に持ち始めることができるようになってきた。

再建という意味では、第一段階は長い道程の入り口に立った程度である。見方によっては、今回はたまたまうまくいったのかもしれない。また極度に緊張した一八〇日間の状態を、同じ手法でこれ以上続けることは無理と判断した。しかしこの再建結果が持続するように、早急に次の段階に入る必要があった。

反省もあった。社員が自信と誇りを取り戻しつつあることは確かだが、はたして皆が改革内容を十分共有しているかはまだ未知数だ。顧客の評価もまだ十分とは言えないし、競業他社と比較する評価体制もまだ不十分だ。

しかし大きなプラスは、激動の一八〇日間の挑戦で若手の中に人材が育ったことである。そしてその中には、新しい組織のリーダーになり得るほどにたくましく成長した者もいた。

図17：第一段階を終わっての反省

- 当初の目標を達成したが、持続するには今のタスク体制では無理と思われる
- 従業員がこの改革を個人として実感しているか、または価値を共有しているか確かでない
- 競争力の比較・評価体制が不十分
- 顧客の評価をまだ受けていない

一方、幹部管理者の一部にはこの大きな変化についていけず、旧来の枠から抜け出せずに会社を去っていった者もいた。社員の中にはこのことで動揺をきたした者もいたが、大部分の社員はむしろこれを反面教師的な捉え方をして比較的冷静であった。

再建第一段階の反省を図17に示す。

再び再建工程表に戻ろう。再建第一段階が暫定的（実験的）改革とすれば、第二段階では定着型の改革を目指すことになる。

暫定的（実験的）改革では、第二段階に向けて試行錯誤の要素が大いにあった。そしてオペレーション（業務執行）の改革はもとより、人材の育成と発掘も同時に行った。

第二段階の定着型改革は長期的視野に立って行われる。すなわちタスクフォースのような暫定的な形態から、新しい組織形態に移行

図18：再建工程表

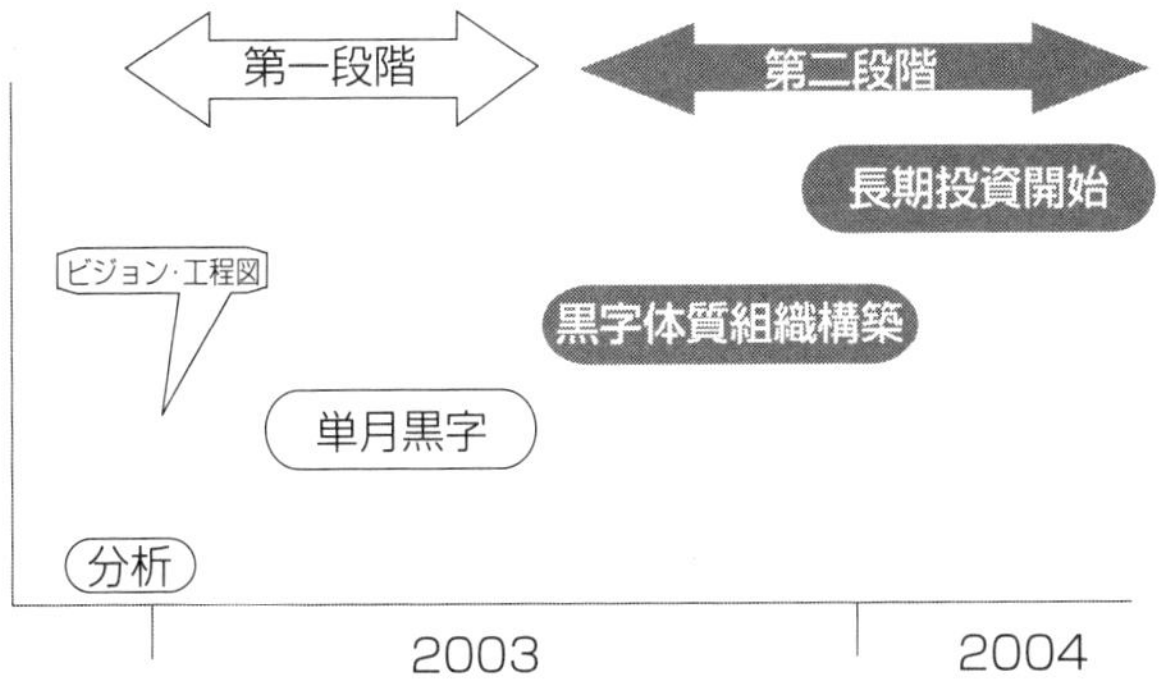

していくことになる。また長期戦略に基づいた投資計画も実行に移していかなければならない。これらを統合して改革期間をこれから十二カ月間とし、第二段階の定着型改革の目標を、

1　黒字体質を目指した組織の再構築

2　長期戦略の策定と実施

の二項目とした。

黒字体質を目指した新組織においては、顧客に向いた、そして顧客から分かりやすい組織形態を構築することにした。同時に社内の利益責任の所在を明確にし、利益を持続して確保できる体質にすることを目指した。また組織の風通しをよくして、コミュニケーションの向上と決裁のスピード化を目指して多層型組織を平坦型に変えた。

長期戦略の策定と実施においては、設備と

図19：第二段階の再建目標

■ **黒字体質を目指した組織の再構築**

- 損益追求
- 顧客重視
- 階層の減少（6から3）

■ **長期戦略の実施**

- 設備投資
- 人材育成の投資

人材へのバランスのとれた投資計画を作って実施に移した（再建工程表と第二段階の再建目標を図18と19に示す）。

再建計画第二段階——顧客満足・利益追求型組織

顧客からの声の中での共通した不満は、ビジネスの担当責任者が不明確であることであった。したがって社内では顧客のニーズや苦情を十分に把握できず、また競業他社の情報も入りにくくなりビジネスチャンスを失っていた。

顧客が求めているのは、単なる窓口としての担当ではなく、ビジネスを決めることができる担当責任者である。一方これまでの組織は製造、技術、品質、管理などが機能別に分かれて運営されており、顧客から見て必ずしもビジネス担当者が明確になっていなかった。

そこで、ビジネス担当組織と機能別組織を縦横に組み合わせたマトリックス・マネージメントに挑戦することにした。このビジネス担当組織をＢＬＭ（Business Line Management）として、その責任は顧客満足、売上、そして最終損益とした。この責任を遂行するために、ＢＬＭは機能別組織を横断的に統括することになる。

そしてＢＬＭはビジネス目標を設定し、これに基づいて予算を立て機能別組織と有機的に活動することになる。

これまでの機能別組織は、トップから係長まで六段階と多階層であった。マトリックス・マネージメントを導入することによって、これを三階層まで減らすことができた。平坦な組織になることによって、情報伝達や決断がより早くなることも期待した。

マレーシアではまだこのような組織形態になじみが薄いので、教育期間を十分にとって導

図20：顧客満足・利益追求型組織

■ **BLM（Business Line Management）**
- 顧客満足度向上
- 利益責任
- 競争力分析・対策

■ **業績管理**
- 月次から日次管理

■ **評価制度**
- 管理者は月次評価

入には万全を期した。社員の反応は思ったよりも肯定的で少し安心した。余談になるが、このＢＬＭ構想を知ったある中堅企業の社長が早速自分の会社にもこの方式を導入した。あまり混乱もなく結構うまく機能しているそうである。

このように縦割り組織になれている当地も、新しい形態に柔軟に対応できそうで成果が出ることを期待している。

四つの商品グループに合わせて、対応する四つのＢＬＭ組織を構築した。

この組織を運営する人材の資質はかなり高いものが要求される。すなわち技術的バックグラウンドを持ったジェネラル・マネージメント能力（または潜在能力）が求められるのである。幸い激動の一八〇日間で多くの人材が発掘され育成されており、その中からこの

図21：旧組織

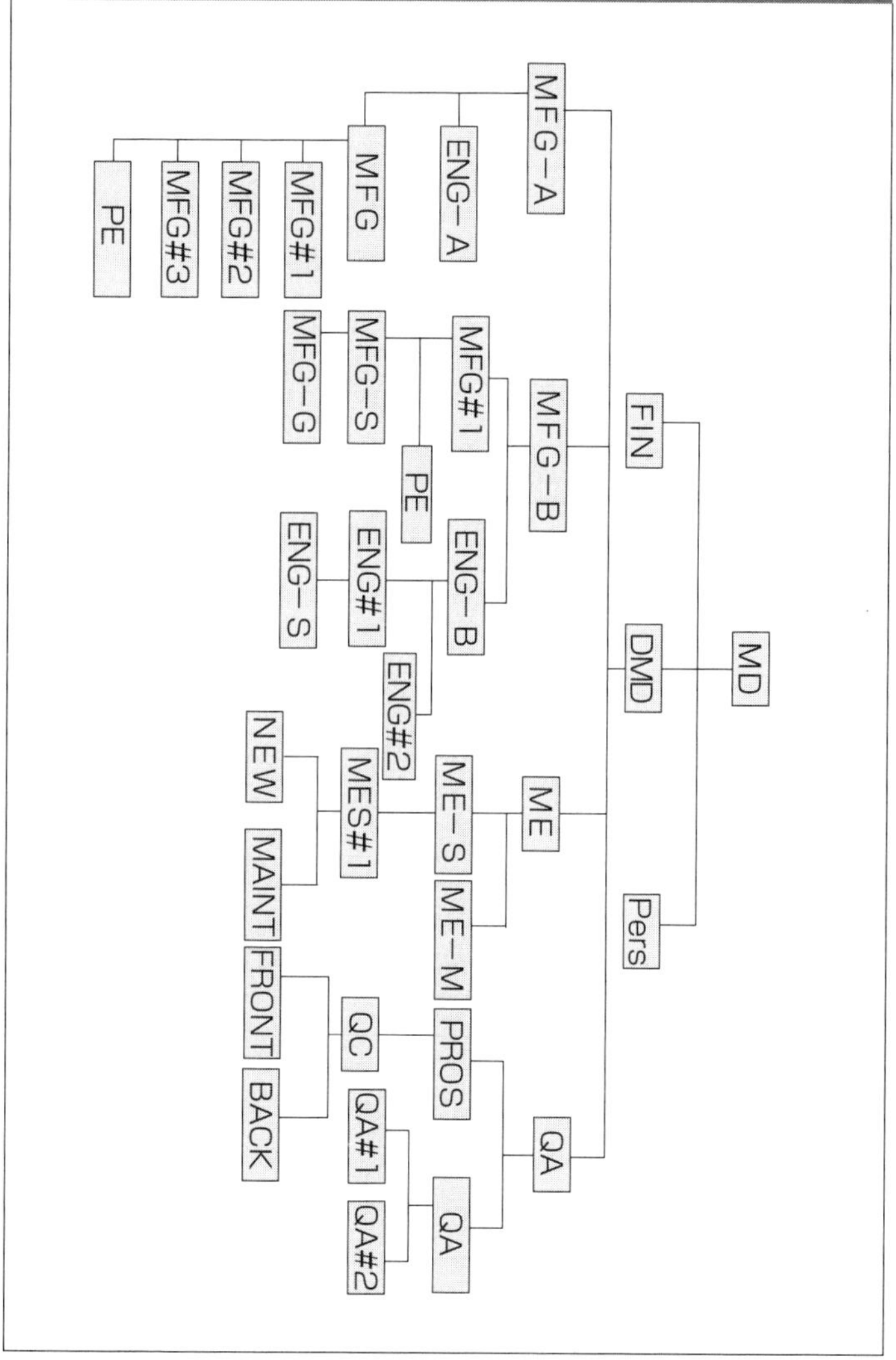
MD
FIN
DMD
Pers
MFG－A
MFG－B
ME
QA
ENG－A
MFG
MFG#1
MFG#2
MFG#3
PE
MFG#1
MFG－S
MFG－G
PE
ENG－B
ENG#1
ENG－S
ENG#2
ME－S
ME－M
MES#1
NEW
MAINT
PROS
QC
FRONT
BACK
QA
QA#1
QA#2

図22：利益追求型組織

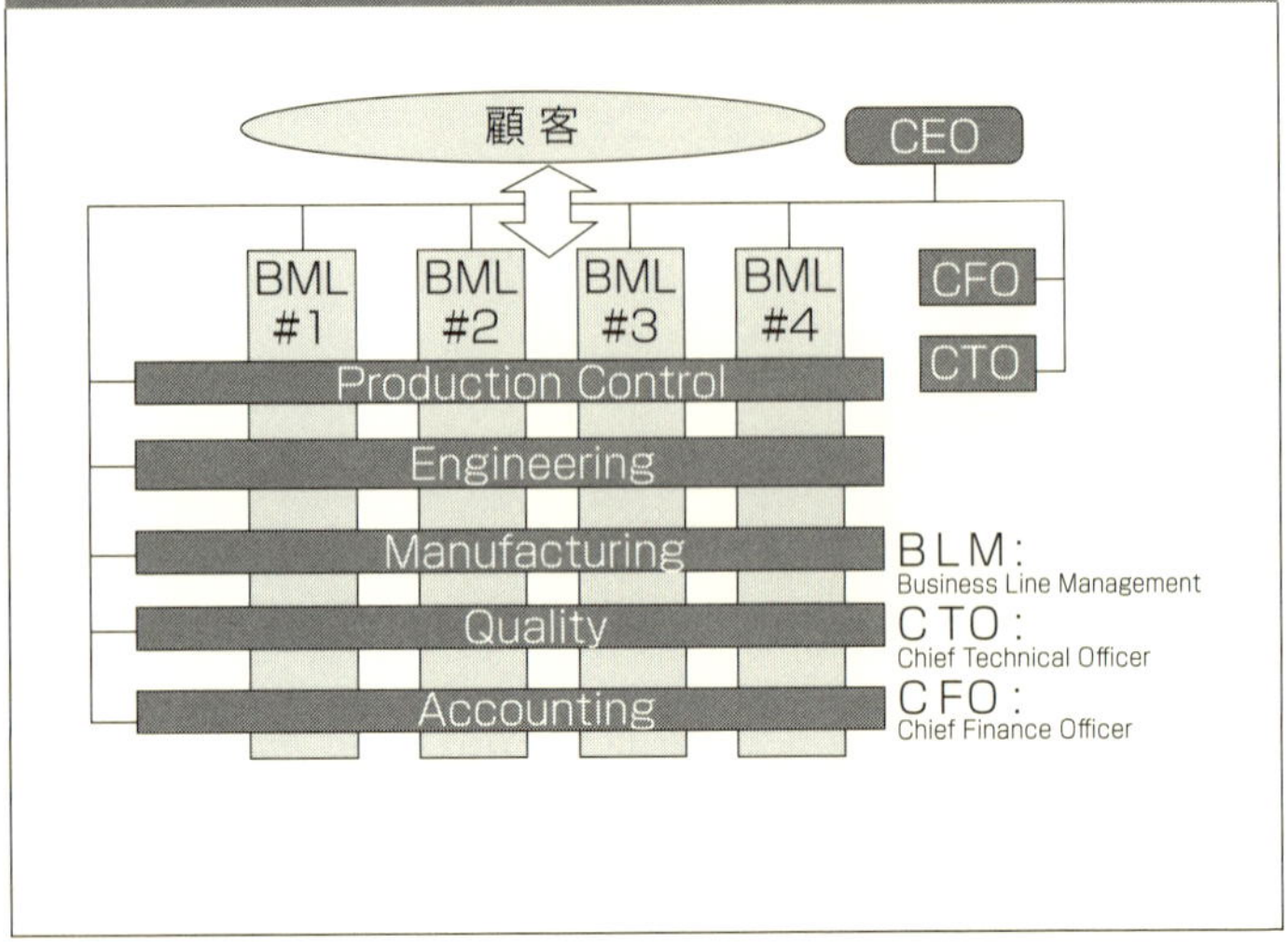

組織に最適な四人の若手を選出することができた。偶然にもこの四人は全員が異なる民族になった。

ＢＬＭ活動がビジネス全般に及ぶことから、この組織を将来の幹部育成のキャリアパス（career pass＝企業内での昇進を可能とする職務経歴）と位置付けている。

ＢＬＭ組織のもうひとつの役割に、業界や競業他社の分析と対策がある。

競争力を保ち続けるには常に外部の動向を冷静に分析し、謙虚に受け止めて対策を立てることが不可欠である。偏った分析にならないよう、これを中立的であるこのＢＬＭ組織の役割とした。

さて組織という枠組みはできたが、中身を成果の出るような運用プロセスにしなければならない。前にも述べたが、刻々の変化をできるだけ早く知り必要な行動のとれる仕組みに変えた。すなわち顧客情報、売上、在庫、歩留まり、損益、そのほかの必要な情報をＩＴシステムの導入によって、今までの月次管理から日次管理に変えることになる。その日に起きたことは、その日に対策をとることができる仕組みになるのである。

次に新しい評価制度を導入した。まず会社の業績目標に連動した評価項目を全管理者に展開する。月単位の評価を行い、月初めに、それぞれの管理者がコミットメント（約束）項目を提出する。月締めで実績とコミットメントを比較して評価を行い、それに応じてインセンティブ（報奨金）を出す。あえてこのようなプロセスを採用した目的は、一日も早く目標管理を定着させることにあった。

企業は年に一回か二回社員の評価をして、ボーナスというような形で報奨金を出しているのが一般的である。公平な評価と挽回のチャンスのあることが、社員の挑戦意欲を高めることになる。これに少しでも近づけたいと思い、月単位の評価を導入した。すでに幹部管理者には実施してきたが、今回はこれを全管理者までに広げることにした。過去に多かった社員の不満のひとつが以前からの評価制度であった。今まで実施してきた管理者の反応は非常に好評である。これを全管理者に広げて活性化を図っていくことにした。

顧客満足・利益追求型組織については、新・旧組織図を含めて図20～22に示してある。

図23：長期戦略計画の実施

■ **得意分野での多角化**

- 一極集中から三極化
- 高成長分野

■ **長期投資**

- 機械設備と人材へのバランスのとれた投資
- 現地人の育成
  - ・現地人の幹部への大幅な登用
  - ・技術者リーダー（技術力向上報酬制度）

再建計画第二段階——長期戦略計画

前にも述べたが、再建を開始したときに重要タスクフォースのひとつとして発足させた長期戦略構築部会の計画がほぼでき上がった。

今までPC（パソコン）を主体としたIT業界のビジネスが、当社の大きな割合を占めてきた。長期的にこれにもうふたつ増やして、現在は三つのマーケットで均等にビジネスを成長させる計画を立てている。これからは今持っている得意技術を最大限に生かせ、二桁成長を続けているマーケットがターゲットとなる。

また人材育成計画は、現地人の幹部管理者への大幅な登用と技術者リーダー育成に連動している（長期戦略計画を図23にまとめて示す）。

図24：管理者はどう変わったか

- 多くの管理者がやればできるという体験を自ら経て、自身がついたように思われる。
- リーダーシップを継続する難しさを、身をもって体験した。
- 複数のトップクラスが外部の変化についていけずに去っていったことは、ほかの者にとっては良い意味で反面教師になった。
- したがって多くの管理者は、リーダーシップは外の環境の変化にいかに早く対応できるかで試されることを身をもって体験した。

再建計画第二段階への挑戦で社員はどう変わったか

長かった業績低迷の状態から、単月ではあるが目標どおり黒字に変えたことは、管理者のみならず社員全体に自信と意欲をもたらすことになった。この勢いをもってすれば、さらなる改革も比較的楽に進めると期待していた。しかし張りつめた一八〇日間の後は少し緊張がゆるみ、残念ながら次の月は赤字になってしまい、改革の継続性の難しさをここで改めて認識させられた。個々人の意欲と頑張りだけに頼って、仕組み作りが後追いした結果であろう。計画した仕組みを早急に実現することとした。

仕組み作りがほぼ終わった段階からは、業績も安定し順調な成長を続けている。

管理者が自信と意欲を取り戻した背景には、

図25：顧客の評価

顧客	評価方法	平15年６月	平16年６月
A	四半期総合評価 品質･対応･出荷･サービス	D (69.3)	B (81.6)
B	四半期総合評価 受け入れ品質・出荷	D (９)	A- (17)
C	半年ごと聞き取り調査 12項目	Excellent 0% Good 38% Poor 62%	Excellent 12% Good 76% Poor 12%
D	年ごと調査表郵送 24項目	Excellent 8% Good 50% Poor 42%	Excellent 10% Good 60% Poor 30%

もちろん自分たちの頑張りで成果が出たことも確かである。しかしもう少し背景を掘り下げてみると、管理者が外部の環境の変化を素直に理解して対応することに抵抗がなくなってきたことが改革を進める力強い原動力になって、結果として成果が出たのではないかと思っている。

従来の管理者は外部の変化に目を向けるよりは、ややもするとそのエネルギーを内部だけに費やしていた傾向が強かった。外部の変化を素直に理解すれば、おのずとどこにエネルギーを集中すればよいかが分かってくる。管理者がこのことを体験を通じて行動基準の主軸にすることができた結果である。現在ではそれが彼らの自信や、自ら挑戦しようとする強い意欲にもつながっている。

一方幹部管理者の一部には過去の経験を重

図26：売上総利益

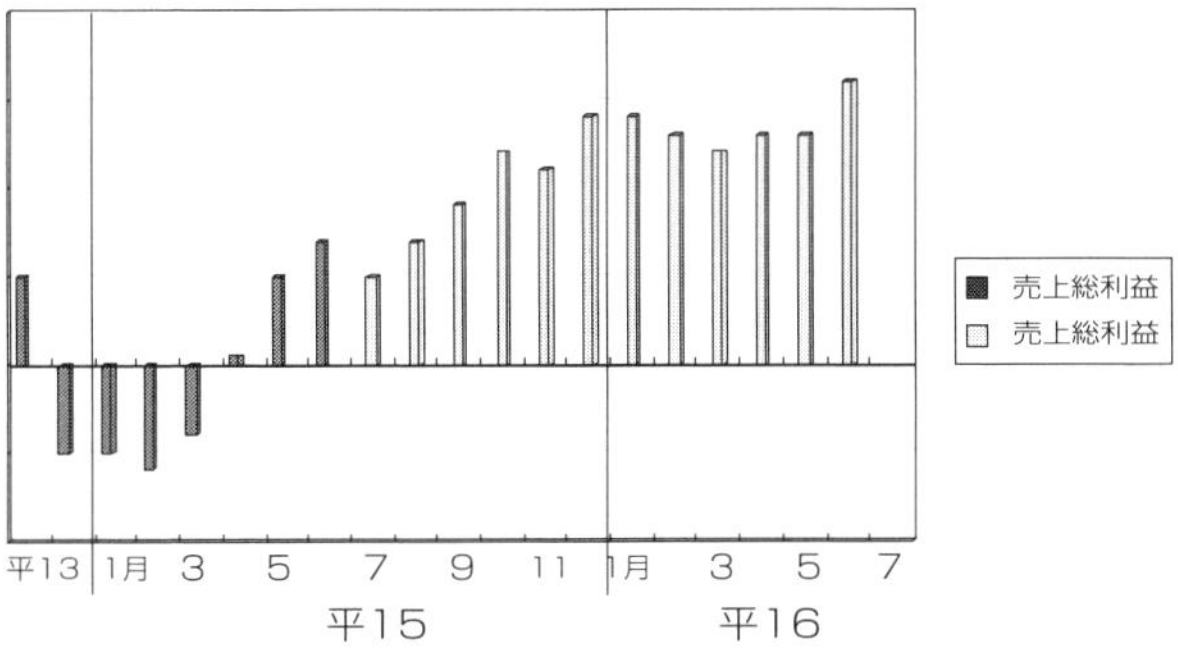

んじ、外部の変化よりは内部により多くの目を向け、その結果改革のリーダーシップを発揮することなく、流れから取り残された形になって会社を去る者もいたことは前にも述べた。しかし同時にこのことを通じて、ほかの管理者にとっては、変化に挑戦しなければ改革のリーダーシップをとることができないという貴重な現実の例を学んだことにもなった。

顧客満足度の向上を目指した新組織形態になって、外部、すなわち顧客や協力会社の当社に対する評価の変化を述べよう。主要顧客や協力会社のうち、四社から受けた評価を中心に分析する。

今までの顧客の評価は、技術以外は相対的にかなり低いものであり、特にビジネス対応においては特に低い評価であった。

これに対して最近の評価は、ほぼすべての

項目で改善が見られるというものに変わってきた。最悪だったビジネス対応については、かなり高い評価に変わった。これらの評価結果から、この一年間でかなりの向上が外部からも認められつつあることが分かる。

次のステップは競業他社との比較をすることによって、さらに改革と改善を進めることになる。

以上の管理者がどう変わったか、顧客の評価はどう変わったか、そして業績はどのように成長したかを図24～26に示してある。

企業再建に生かされたリーダーシップ

再建工程として第一、第二段階を経て今日に至っている。再建第一段階が暫定的（実験的）改革とすれば、第二段階は定着型の改革を目指した。

今までそれぞれの過程でリーダーシップについて述べてきたが、ここではそれらをまとめた形で考察してみたい。

（1）　調査・分析から再建実行計画発表まで

まず顧客の真の声を聞くことから始めたことは、前にも述べたとおりである。そこではいかに謙虚になって顧客の要望やニーズを、顧客の側になりきって理解することの大切さを学んだ。このことが再建の基本方針を組み立てるうえでとても役に立った。そこで会社の体制や社員の意識を社内志向型ではなく、顧客志向型にできるだけ早く変えることを基本方針に盛り込んだ。

次に社員と徹底した問題の共有化に取り組んだ。これはわたしが最も多くの時間をさいたことのひとつである。まず社員には問題の深刻さを理解してもらうことから始まって、現象の根本にある原因を追求し、これを皆が心底から納得するまで彼らと根気よく話し合った。社員の考え方、バックグラウンド、民族など、どれひとつをとっても異なり、それらが徹底した共有化という目標に立ちはだかるものであった。この目標を達成するために効果的であったことは、将来目指すべき姿を具体的に描くことから始めたことである。そして過去の経験や事例にこだわることなく、新しい発想で根本からの見直しができるようなオープンな雰囲気を作った。

効果的なコミュニケーションは、強力なマネージメント・ツールである。

特に改革を行う場合のそれについては細心の注意を払った。まず効果的なものでなければならないこと、また情報を伝える側とそれを受け取る側の理解にはかなり大きな差があると思わなければならない。

そこで三段階方式を基本とした。すなわち対面しての声の伝達、それを文字にした伝達、そしてそれをくり返す伝達である。特に重要な情報についてはこの基本方式を徹底した。そしてその情報が断片的なものではなく、大きな枠組みの中での位置付けをはっきりとさせることも、受け取る側にとってはより理解度を増すこととなるのである。

（2） 第一段階——一八〇日間で黒字経営にするまでの暫定的（実験的）改革

この段階は挑戦的な目標に向かって、予定どおり達成に導く過程である。

まず一八〇日で黒字経営に変える挑戦的な目標設定を行った。それを達成する六つのタスクフォースは、それぞれ非常に高い目標を持つこととなった。その目標が明確でしかもその成果を公平に評価できる仕組みにすることによって、社員の中で高い目標でも達成しようとする熱い挑戦意欲が生まれることを体験したのもこの段階であった。

タスクフォースのリーダー選出には、前章でも述べたように限られた人材の中からそれぞれのタスクの内容に最も適した人を配置した。その人材選びは今までの実績よりリスクはあったものの、これから改革を進めることができる潜在的能力を持った社員を中心に選び出した。その中には非管理者や経験の浅い人も含まれていたが、結果として彼らは後の新体制の中核を成す人材に育っていった。

改革中は良いことよりは悪いことが出てくるのが普通である。そこで社員の皆と決めたことは、「事実を率直に話し、周りとオープンにそれを共有し合うことを恐れない」こととした。わたし自身も、遠回しな言い方やあいまいな言い方、あたりさわりのない言い方ではなく、真実を素直で正直に伝えるようにした。時間が経つにつれて周りの社員の反応も期待以上に良くなってきたように思えた。

試行錯誤の要素が強いこの第一段階では、不十分な情報や判断材料の中で厳しい決断をすばやく下すことが求められる。常にリスクとのバランスにおいて決断することになる。しかしいったん厳しい決断を下したときは、決して後になって安易に変えることなく、大変ではあるが妥協しない毅然とした態度をつらぬくことが重要である。極端な言い方をすれば、全員がこの目標達成に不安と懐疑心を持っていたといっても過言ではなかった。これを払拭するためには、トップが決して安易に軸足をずらさないことであった。

（3）　第二段階――一八〇日間での顧客志向型の体制作り（定着型改革）

第一段階の一八〇日で黒字経営の基礎はでき上がった。しかしこれは極度の緊張感と試行錯誤によって初めて達成できたことであり、この勢いを将来にわたって維持するためには、新たな組織力、長期戦略、人材の継続的な育成などの定着型改革に移行していかなければならない。

再建の中での最も重要な項目のひとつが、顧客志向型の体制を早急に構築することであった。従来の内向型組織であったものに代えて、正反対の組織を構築することになる。この新体制を早く定着させるために、明確な評価基準体制を新組織に合わせて作成した。そして新

図27：企業再建に生かされたリーダーシップ

■ **再建計画発表まで**
- 外部環境の変化に対する鋭い洞察力
- オープンな情報とその共有化

■ **第一段階達成まで**
- チームワークを通じて目標達成への熱い情熱
- 難しい局面でもすばやく決断し、後戻りしない

■ **第二段階達成まで**
- 外部の変化に対応できる柔軟な組織力の構築

組織による会社経営を支えるために、必要な情報の迅速かつ的確な提供がなされるような仕組みに変えた。すなわち新体制の構築を、社員の行動基準を決める新評価システムと会社運営を支える新情報システムとを同時に進めることで、旧組織から正反対の新組織に比較的早く移行することができた。

顧客志向型、すなわち外部に目を向ける体制になるにつれて、競業他社や業界の動きが以前にも増して身近な情報として捉えられるようになった。そしてこれらの情報を軸に具体性のある長期戦略の構築ができるようになったのである。

以上の二段階に及ぶ企業再建を通じて生かされたリーダーシップを図27にまとめてみる。

第4章

企業経営におけるリーダーシップとは

IBM（I have Been Moved）での貴重な体験

IBMの在職中には、幸いにしていろいろな職場で働くことができた。開発製造から、購買、営業部門、本社部門、海外赴任など幅広い仕事に関わり、内外の多くの人と接することもできた。

IBMの藤沢工場長を終え、次に滋賀県の野洲町にあるIBMの半導体工場長に単身赴任したことがあった。野洲町は琵琶湖に面した美しい所で、京都にも近く歴史の好きな人には最高の環境だ。琵琶湖周辺の史跡、お寺、城跡を巡りながら、織田、豊臣そして徳川の歴史の流れを自分流に想像して悦に浸れる場所である。

四カ月が過ぎ仕事にも慣れ始めたとき、当時のIBM社長であった椎名さんから今度は本社に戻るようにと突然言われた。IBM（I have Been Moved）と言われるように、社内異動の激しいことは理解していたが、こんなにも短いとはと心の中では思ったりもした。

異動した本社では、会社全体の品質責任者に命ぜられた。当時新聞紙上で、定期的にコンピュータ会社の顧客評価が掲載されており、各社ともこれにはかなり神経質になっていた。その評価では設計から生産、物流、販売、サービスなど、会社としての総合力が顧客に試されていた。部門の最適化と会社全体としての最適化をどのように調整し、結果として顧客に満足してもらえるような全社プロセスを構築することが今回の使命だった。

いろいろと考えた末、ふたつの観点から取り組むことにした。

まずひとつは顧客の本質的な満足とは何かを突きつめ、次に社内プロセスを広義の品質と捉えてその基盤を「シックスシグマ思想」に置いた。

「シックスシグマ」とはエレクトロニクス業界のリーダーであるモトローラで生まれ、米国のGE（ゼネラル・エレクトリック）、アライド・シグナル（現ハネウェル）や日本においてもソニー、キヤノン、東芝などによって導入され、数多くの成功を収めている全社的な経営革新の手法であり、製品とサービスをほぼ完璧（九九・九九九七パーセント）な環境に置くことを目指すものである。

多くの企業では一〇〇万回あたり六二一〇の欠陥が発生する四シグマで操業するところを、六シグマの操業では一〇〇万回あたり三・四の欠陥が発生するというほぼ欠陥のない状態となる（シグマ〈σ〉というギリシア文字は、統計学における標準偏差を表すもので、バラツキの単位を示す）。

しかし、わたしが取り入れたここで言う「思想」とは「限りなく不良率をゼロにする」ということであった。あえて「思想」としたのは、もし設計や製造を含めたすべてのプロセスごとに計算上のシックスシグマを適用したら、おそらくビジネスとして成り立たないと考えたからである。そこでまずそれぞれのプロセスごとに一義的に顧客の満足度レベルを慎重に検討し、これを上回る値を目標とした。そして、これらに基づいて社内の各プロセスの品質目標を決めていった。これならば現実的で説得力があり、実現可能と判断したわけである。

幸い椎名社長からの強力な支援を受けることができ、一年後には顧客からもトップクラスの評価を受けることができた。

リーダーシップの事例

吉川英治氏の著に『われ以外みなわが師』という本がある。

わたしはこの言葉が大好きだ。人はすべて素晴らしいものを持っている。人と会うたびにわたしはこの素晴らしさを発見し、感動し、そして多くのことを学んできた。

特に企業の中においてはこの言葉を忘れずに、顧客、上司、部下、そして同僚と接するときの基本姿勢としている。

ここでは多くの人と接した中で、特に企業のトップの方々から私が学んだことや感動したことを通じて、トップのリーダーシップについて考察してみたい。

わたしは常日ごろ、人とお会いした際に感動したことや学んだことを日記帳につけてきた。その中からリーダーシップに関わる部分を抜粋し、以下にまとめてみる（なおそれぞれの方の肩書きはお会いした当時のものである）。

ルイス・ガースナーーＩＢＭ会長

ガースナー氏が、ナビスコからＩＢＭの会長として迎えられた当時（一九九三年）から、わたしは技術提携などの企業間提携（アライアンス）の仕事に携わってきた。この仕事の関係上、ガースナー氏とは幸いにして比較的多く接する機会があった。

ニューヨークにあるＩＢＭの本社で、日本企業のトップとのビジネス会議がいく度か開催された。そのうちのひとつを当時の日記から引用してみよう。

「会議の前には入念な準備があるにしても、ガースナー会長の会議はいつも自然体で最高の出来となる。分かりやすい快い話の展開、相手を飽きさせない、ポイントは決して外さない、そしてとても重要なことであるが、顧客が得をした気持ちで会議を終えられるように導く。最高のセールスマンである。会議の後、顧客は例外なくＩＢＭ贔屓《びいき》になるようだ。ビリー・グラハムのように、いやそれ以上に氏の話は人の心を揺さぶり、そして浸透させる伝導師のようである。

無駄な言葉使いもなく一言ひと言選びに選んでいるが、その努力をみじんも外には表さず、ごく自然体である。そして自分の言葉で信念を持って話しかけてくる。

経営者に要求される貴重な資質のひとつが、この伝道師的能力ではないかと思われてくる」（二〇〇一年七月十四日）

会議を終えた後、出席されたトップの方々は例外なく良い会議だったと興奮気味に言われた。自分の言葉で信念を熱っぽく語ったとき、聞き手は心を揺さぶられ感動する。その光景を目の当たりにしたわたしにとってても貴重な体験であった。

米大手PCメーカーCEO（最高経営責任者）

技術提携の関係で、テキサス州ヒューストンにある会社によく訪問した。まだその会社が大きくなる前のことである。

「アメリカン・ドリームを手にした人は数多くいる。しかし若者の憧れ、そして羨望の的となる人物となるとその数も限られてくる。もちろんビル・ゲイツはそのひとりであり、もうひとりを挙げるとすればこの人となるのではないか。

テキサス大学在学中にPC販売を開始した。忙しくなり、その後大学は中退ということになった。ビル・ゲイツと同じである。すぐに会社を立ち上げ、今年で十二年目になる。売上は六十三億ドル（約六千五百億円）で、全米第四位のPCメーカーにまで成長している。年率四〇パーセント以上の成長は、他社に比較しても二倍の勢いである。

いくつかの山谷を超えて今のビジネスが確立された。徹底した在庫管理と品質管理がその中心になっている。特に在庫管理は、業界では一番進んでいると思われる。他社に比較して約六分の一となると、これはもはや驚異的な在庫管理である。したがって利益率も五パーセント以上と堅調である。販売方法もディーラーを使わずに直販であり、これも他社と異なっている。

このようなビジネスモデルを確立したこの人は、一体どのような人なのであろうか。

ひと言で言えば好青年である。がっしりした体つきで目に特徴がある。見方によってはかわいいし、また鋭いかもしれない。
休憩時間に話す機会があり、挨拶をしたらすぐに今商談中の液晶の話題になった。全米の若者の憧れの人とは思えないほど、静かで謙虚である。
よく話しを聞くタイプだ。しかし体全体から自信にあふれた雰囲気をかもし出している。そして自然と他を圧倒してしまう、人を引き付ける営業タイプの人である。とにかく若い会社である。幹部クラスはほとんどが三十代だ。しかしコンセプトがシンプル、明快で、統制のとれた会社である。一九七〇年代のＩＢＭにとてもよく似ている。今後が楽しみな会社である」（一九九六年九月六日）
アメリカ人としては驚くほど謙虚で、人の話をよく聞こうとする人物であった。この時は三十一歳。分かりやすいコンセプトで、会社を急成長させた。借り物ではない独自のコンセプトと信念を持って、世に問うた結果が今日の成長につながっている。

大手電機会社社長

「昨年来いく度かお会いする機会があった。一度は米ＩＢＭ本社からの要請で、直接お邪魔したことがあった（当時は専務）。
伺った内容はどちらかというとあまり気の進まないものであったが、勇気を出してお話しさせていただいた。こんなにオープンにしてもよいのかと思われるくらい、実に明確に、しかも詳しく話してくださった。

また別の件でも社長就任以前にお会いすることがあった。前回と同じように人の気をそらさない。お会いした後はとてもさわやかな気持ちになる。

その後、社長になられてからもすぐにお会いした。その時は米ＩＢＭのシニア・バイスプレジデント（上級副社長）と一緒に訪問した。以前とまったく変わらず、自然体でにこやかである。この会社の新しい考えをご自身の夢を交えてオープンに話され、人を引き付ける力のある人だ。人を引き付けて離さないタイプの人物である。

営業経験も長いと伺った。マルチメディアに代表される変化の激しい時代を乗り切るトップとして抜擢された、重電以外で初めての社長になられた方だ。それにしても明るい印象を与える。人を魅了することは本当に素晴らしいことだ。故事に「策より無策」という言葉がある。トリックや駆け引きに時間を費やすより、正々堂々と真正面から向かい、そして決断を下す。正々堂々としているから常にオープンになれるのである。

また人をだますことをしないので、人からも安心される。信用が増すから、情報が多く入る。またそれを基に、さらに正確な判断ができる。こういう人物が、真に人を引き付けるのではないかと思われてならない」（一九九六年九月二十日）

「率直さ（Straight Talk）」がリーダーシップを発揮するうえで、とても重要であると言われている。すなわち真実を率直に話し、部下ともオープンに情報を共有する。そして相手にもしかしたら快く思われないことでも、また本当のことが言いにくいときでも、常に真実を伝える努力をする。そして周りの人にも同じように率直さを期待する。

さらに良くない情報でもよく聞く。このことは組織を活性化し、特に困難に突き当たった場合、迅速に対応行動をとるうえでも極めて重要なことである。周りの人は「真実を話し、信頼に値する人である」ことを、リーダーシップの重要な基準と考えているからだ。

大手材料メーカー名誉会長

「京都市内のホテルで新年賀詞交換会が催された。二千人くらいの参加があり、壮観であった。また外資系で初めて乾杯の音頭を依頼されるという栄誉にも浴した。

それはともかく、この社の名誉会長の年頭の挨拶は圧巻である。昨年ガンで大病された。そのため会長職はすでに退かれている。しかし大変お元気そうである。ざわめいていた会場が水を打ったように静まり返った。国旗に礼をされてから、深々と会場の参加者にお辞儀をされた。

仏門（禅門）に入られたので頭を剃髪されている。静かな話し方である。

不思議なことだが、聞いている皆が段々と心安らかになってきているように感じられる。体温が伝わってくるような気がするのだ。特にこれから乾杯の役を仰せつかった者として、落ち着いた気持ちになれて驚いている。

話の内容はビジネスの真髄をついているものばかりである。一代で世界的な一流企業に育て上げた人である。その厳しさは、今接している場面からは想像もできない。

ある役員は会長の前に出ると体が硬直してどうしようもなかった、と当時の思い出を話された。しかし異口同音に、厳しさの中に心の温かさがいつも伝わってきたと言っている。

おそらく長い修行の結果だろうと思われる。自然体で物事に動じない。そして温かさを伝える。以前、宗教家グラハム・ベルの説教を東京ドームに聞きに行ったことがあった。何らかの目に見えない力が感じ取れるということであった。しかし会長から感じ取った力のほうが強く思えた」（一九九八年一月九日）

ここに紹介した「ある役員」の方には、仕事のみならずわたくし事でも大変お世話になった。氏の言われるには、この名誉会長から「決断力、厳しさ、そして心の温かさの大切さ」を学んだそうである。難しい決断をすばやく下して、後戻りしない。自分が絶対に正しいと信じ、それが社員のために正しいことである限り断固として決断し、いったん決めたからには決してくつがえすことはしない。この厳しい上司の下で、氏が今まで辞めなかったのは、ひとえに心の温かさを感じ取っていたからだと言われた。

大手ゲーム機メーカー社長

「グレーのダブル姿の若手社長が笑顔で現れた。初対面とは思えないくらい、くつろいだ雰囲気をかもし出すことのできる人だと思った。
現在のゲームにはもう満足していなくて、何か新しいことをしきりに求めている様子がよく分かるような気がした。ゲーム関連の企業は若くて元気のよい人が多く、発想も柔らかい。また、今までを否定することを仕事の原点としていることにも新鮮な印象を受けた。
一時間の会議だったが、ずっと昔からの知己のごとく話をされたので、多分野にわたっての話し合いができた。自然体で人を引き付ける力を持たれている経営者だ」（一九九五年七月十四日）
今までの仕事と発想をまず否定する。否定を仕事の原点として、そこから新しい発想でビジネスを根本から見直して開拓していく。顧客のニーズが大きく揺れ動く市場ゆえ、生き残るためには当然なのかもしれない。企業のトップとして常に社員に対しては当たり前のように、現状否定からの新しい発想（Breakthrough Thinking）を求めている。

米バスケットボール・コーチ

今までは企業のトップについて述べてきたが、ここでは全米でも有名なコーチを取り上げたい。企業経営におけるリーダーシップの根幹を成すものは、ビジネスへの熱き思いと情熱だと思っている。スポーツへの情熱はビジネスのそれに通じるものがある。

「八十八歳とはとても思えない。氏はサンタクララのマリオット・ホテルで行われた会議にゲストスピーカーとして招かれた。UCLAでバスケット・コーチを十二年間勤め、その間十一回も全米チャンピオンの偉業を成し遂げた全米でも大変有名な人である。もともとバスケットボールの選手であるので、体はずば抜けている。それにしても話し方、振る舞い、そして肌のつやまで、まったくその歳を感じさせない。

一時間近くの力強い語りで次第に熱が入ってくる。よどみのない流れるような話し方だ。過去の事例を実に分かりよく話してくれる。良き一九六〇年代のアメリカン・スピリッツを、誇りを持って現代に問いかけてくる。チャレンジ、規律、尊重など、その時代にあった大切なものを聴衆の前で誇りを持って話してくれる。

こういう話はほとんどの場合、修身や道徳のような雰囲気で眠たくなるのが常である。氏からは、そんなものはひとつも感じさせない何かがある。背筋をピンと伸ばし、誠心誠意バスケットボールに熱い思いを込めた態度には心を打つものがある。そんな彼の情熱が全員に感銘を与えたのだと思う。

聞く者は自然に素直な気持ちになってくる。話し手と聞き手の間の壁が取れると、こんなにも話し手の気持ちが伝わるものかという良い勉強になった」（一九九八年二月二日）

企業のトップから学ぶリーダーシップ

これまで企業のトップから学んだ事例を紹介してきた。

この中のキーワードを通して、企業トップの持つリーダーシップの共通項を探し出していきたい。順不動ではあるが次に列挙してみよう。

・深い感動を与える
・謙虚な態度と素直さ
・相手の話を聞こうと努める
・厳しい状況下でのすばやい決断力
・厳しさと人を思う心の温かさ
・現状否定からの新しい発想
・自然体
・仕事への熱い情熱

これらの中で特に繰り返し出てきたキーワードは、

・深い感動を与える
・厳しさと人を思う心の温かさ
・仕事への熱い情熱

となる。

これらから、ビジネスには人一倍熱い情熱とエネルギーを持ち、厳しい環境下でもすばやい決断を下し、いったん決めたことは容易に後戻りしない厳しさを持つ反面、他を思いやる心の温かさで感動させる人間的魅力に満ちたトップのリーダー像が浮かび上がってくる。

リーダーシップの要素を、仮にテクニカルな側面と人の琴線に触れるような人間的魅力という側面から成り立っているとしよう。企業のトップになるに従って、テクニカルな側面より、人を感動させその気にさせる人間的魅力の面が大きな比重を占めてくる傾向がある。

この傾向は、わたしが経験した範囲ではあるが、海外企業のトップのほうが強いように思われる。

このことは一見、日本の企業にも当てはまるように思われるかもしれないが、多くの欧米の企業と直接ビジネスを行ってきたわたし自身の経験からするとそうは思えない。その理由は単純ではないが、多民族や多様な考え方の社員を引っ張っていく海外企業のトップは、無機質なテクニカルな面より、人を感動させやる気にさせることが、最も効果的であると考えているように思われるのである。

今後ますます日本企業がグローバル化していく中で、これからの企業のトップは、多民族でさまざまな考えを持った人々によって構成される会社を経営しなければならないことになる。リーダーとして、このような人間的魅力を磨くことも、リーダーシップを存分に発揮させる大切な資質になるのではないだろうか。

海外企業と日本企業のトップのリーダーシップの比較

外資系企業で三十数年にわたって開発・製造から営業、海外赴任、そして経営まで幅広い分野を担当してきたことは前にも述べた。その間数多くの内外の企業と直接関わることができた。これらの経験から、ここでは海外企業と日本企業のリーダーシップの違いをトップマネージメントの観点から考察したい。

ここでは、五つの観点からトップマネージメントのリーダーシップを比較する。すなわち、トップマネージメントの「行動基盤」「経営手法」「経営視野」「経営者選択」、そして「経営者評価」の視点である。

（1）　行動基盤

ワシントンDCから、車で三十分ほど南へ下るとフェアファクスという静かな町がある。そこにナスダック（NASDAQ＝米店頭株式市場）銘柄のITハイテク企業があり、この企業の社外取締役（Independent Director）をここ数年間続けている。

四半期ごとに取締役会があり、出席する一週間前に膨大な資料がEメールで送られてくる。わたしにとっては大変な負担だが、会議前までにこの資料をよく理解しなくてはならない。

役員会は二部構成になっており、午前は全役員が出席する会議、午後は社外取締役を中心とした三つのコミッティー（監査、報酬、指名委員会）に分かれた会議となる。わたしは指名委員を務めている。この指名委員会はすべて社外取締役で構成されており、企業の業績を評価し、トップを含めた役員の人事に関わる非常に重みのある委員会になっている。

ほかの委員会も同様で、企業の根幹に関わる部分を外部に委ねるこの制度は、長い米国企業の歴史の中から必然的に生まれてきたものだと思う。

企業経営者はまず、この厳しい監視的委員会の関門を通過しなければならない。さらに厳しい関門には、四半期ごとの株主に対する報告、そして証券アナリストなどへの説明が待ち構えている。経営者はこれらによる株価への影響に神経をとがらすことになる。

ある米国の大手企業のトップが、いみじくも言っていた次の言葉が強く印象に残っている。「四半期ごとに詳細な報告を株主やアナリストにするわけだが、業績が悪い場合の説明も最初は許してくれるが、二回、三回となると言い訳は受け入れられず、効果のある大胆な実行計画を出すことが至上命令になる。このような強力な外部の圧力に耐えるために、経営は既成概念にとらわれずにあらゆる可能性を追求することになる」

この例のように、社外取締役制度を含めて海外企業のトップの「行動基盤」は、常に外部の目を念頭に置いての企業経営になっている傾向が強い。

（2）　経営手法

今から十数年前ＩＢＭが経営危機に陥り、新しいトップに代わりいろいろな改革を行ったことは前に述べた。そのうちのひとつが、ＩＢＭの持っている知的財産を世界に先駆けてビジネスとして取り上げ、大きな成果を挙げたことである。

知的財産には特許、ノウハウ、商標などが含まれる。その当時、特許などの知的財産は自社を守るものであって、外販することなどとはどこでも考えつかなかった。それをまったく逆の発想で、最新のテクノロジーを他の企業に提供し、これをビジネスとして成功させたのである。当時は「敵に塩を与えるだけ」と、社内でも幹部を始めほとんどの人が反対した。

しかし、そのトップの考え方は、

1　どんなテクノロジーも時間とともに陳腐化する。

2　類似技術がすぐ後を追ってくる。

3　他社に使ってもらうことによって、自社の技術レベルが社内で評価されるより、さらに厳しい目で見られる。それを謙虚に受け止めることが、より良い技術を開発する強い動機付けになる。

というもので、外販することによって、より競争力のあるテクノロジーが生み出されることになるというものだった。

この結果、ビジネスの成功とともに多くの競争力のあるテクノロジーが開発され、常に特許数ではトップクラスに位置付けされるようになった。

この例でも分かるように、海外企業のビジネスへの取り組みでは、過去の成果や既成概念、または他社の動きにあまりこだわることなく、目標達成に焦点を合わせて可能な選択肢の中から最適な手法が選ばれていくのである。

（3）　経営視野

今では伝説的な話となってしまった感があるが、ある日本人がニューヨークの町を歩いていてアメリカ人に誇らしげに話しかけられたというエピソードがある。そのアメリカ人は、日本の大手家電メーカーのブランド名をアメリカの会社のそれと信じて、その商品を日本でも買うことができるかと盛んに自慢したという話である。

世界をあたかもひとつの市場と見て、その経営戦略を立てる。しかし運営は必ずしも自国中心の方法を押しつけず、それぞれの国に合った最適化された方法をとる。コンセプトとしては、自国も多くの国の市場のひとつとみなす。

これに対して経営戦略は自国中心で、その延長に海を越えた地に市場があるとみなし、あくまでも自国に合った経営戦略は変えることなく、他国においてもそれをつらぬく。

前者をグローバルな経営とすれば、後者はインターナショナルなそれと言える。

前述したニューヨークの話の例は、明らかにグローバルな経営視野の結果である。グローバルな経営に求められることは、多民族でさまざまな考え方の世界に対して、それに耐えられる経営理念と企業の透明性ではないかと思う。そして業績は結果としてついてくるのである。

インターナショナルな経営の場合は、一時的な市場拡大を期待できるケースが多いと思われるが、さらに成長するには、グローバルに理解される経営理念や透明性が成長とともに醸成される必要があると思う。

企業のトップのリーダーシップは、このふたつの方向付けにおいて違ったものとなってくるのはおのずと明らかであろう。

（4）　経営者選択

前にも述べたが、社外取締役の役割のひとつが経営トップの人事に関わることであった。例えばSEC（Securities and Exchange Commission＝米証券取引委員会）は、最近になって社外取締役の割合をさらに引き上げる指示を出している。このことは社外の者によるトップ人事に関わる重みが一層増したことになる。

このような動きを含めて、一般的に海外企業の経営者の選択肢は極めて自然な流れで社内外から人材を求めることになる。

また企業のトップを選ぶというテクニカルな行為に対しても、海外企業の社員は比較的冷静な態度をとっているように思われる。このことも経営者選択の幅をあまり抵抗なく、内外に広げることができる要因になっていると考えられる。

（5） 経営者評価

ある日本企業のトップの方と、決算時期について話をしたことがある。その社では連結決算報告を半年から四半期ごとに変えることになり、このための準備が膨大で大変だというような話であった。今から二、三年前のことである。海外企業においては、この四半期ごとの連結決算報告はかなり前から義務付けられていた。経営者の評価項目はいろいろあるが基本は利益に絞られる。しかも短期で評価されるのである。

一方日本企業においては、利益は当然重要な評価項目ではあるが、それと同等かそれ以上に評価される項目は企業の永続性と雇用の確保に比重が置かれていることにある。

このような評価の背景の違いによっても、海外企業と日本企業のトップのリーダーシップはおのずと違ってくることになる。

以上、海外企業と日本企業のトップのリーダーシップの違いを、「行動基盤」「経営視野」「経営手法」「経営者選択」、そして「経営者評価」の視点から考察した。これらをまとめる前に「行動基盤」でも触れた、ある会社の社外取締役として経験したＣＥＯ（経営最高責任者）の解任について述べてみよう。

衝撃的なＣＥＯ解任劇

今までにいくつかの企業の社外取締役（Independent Director）を経験してきた。そのうちのひとつが、前述の米東部にある企業での経験になる。ナスダック（米店頭株式市場）上場企業で、ユニークなＩＴ先端技術を世界市場にＩＰ（Intellectual property＝知的財産）ビジネスモデルとして展開し成長してきている。すなわち先端技術のＩＰをビジネスの中核に置いた経営をし、経営資源をＩＰ開発に集中させている。特許やノウハウといった知的財産を蓄積し、それを運用することによって高利益を上げてきた。企業に必要なほかの経営プロセス、例えば製品開発、製造、営業、そしてサービスなどは外部委託や提携、またはライセンシング（ＩＰ使用契約）などで補完している。昨今知的財産のビジネス化が叫ばれているが、この企業は十年以上も前から企業のビジネスモデルとして実践してきていた。

この企業の社外取締役を務めて今年で三年目になる。エンロンなどの不祥事件が多発した時期でもあり、ＳＥＣ（米証券取引委員会）は、監査の独立性や情報開示の強化などを盛り込んだサーベンス・オクスレー法（Sarbanes-Oxley Act）に基づいた厳しい規制を次々に出してきた。

わたしが社外取締役に承認されるまでには、外国人ということもあったのかもしれないが、ＳＥＣの審査基準に照らして、厳しさ、詳細さという点では日本企業でのそれとは大きな隔たりがあった。審査基準は、この会社から中立・独立性を阻害する利害関係がないことが基本になっている。承認されたときは、入試の合格発表のような何かほっとした気持ちになったから不思議である。四半期ごとの定例役員会と株主報告会に出席する以外に、臨時役員会があれば米国に出向くことになる。

　ＳＥＣの規制により、役員会の五〇パーセント以上を占めなければならないことになっている。この会社では社外役員は、米国在住では大学学長、元州知事、元統合幕僚長、元ナスダック理事長など多方面の経験者で構成されている。そしてそれぞれが、監査委員会（Audit Committee）、報酬委員会（Compensation Committee）、および指名委員会（Nomination Committee）の三つの委員会のどれかに属することになる。わたしは報酬委員会と指名委員会の委員に任命された。

　社外取締役になって報酬が増えたでしょう、という質問をよく受ける。その答えは「ＮＯ」である。ただし交通費と滞在費は支給される。それから一年目にはストックオプションとしてこの会社の株をいただいた。会社の業績が上がれば一般の株主と同じように利益を享受することができる。

　他の会社でも同じような形態をとっていると思われる。会社から定期的に報酬を受けると、独立性すなわち株主の立場からの意見が時として不透明になりがちになるからである。

　実際、委員会で議論し提言をまとめる場合に、高額な報酬をもらっていたら株主の代弁者として独立性を保てていたかどうか疑問に思うことがしばしばあった。わたしにとっては無報酬のことより、ナスダック企業での社外取締役の経験のほうがはるかに新鮮で、価値があると思えた。

話が少しそれるが、会社のチェック・アンド・バランスを保つために日本企業は役員会に監査役を置いており、この監査役には社外の人材をある一定の割合で加えなければならないことになっている。この制度を取り入れているのは世界では日本とドイツの二カ国だけとなっていて、ほかの国には監査役といったポジションはなく、過半数を占める社外取締役がその役目を果たすことを期待されている。

日本企業でも監査役制度を残したまま、社外取締役を増やす例が増えてきている。そのうえ、監査、報酬、そして指名委員会を設置（委員会等設置会社、二〇〇二年商法改正）して透明性を増そうとしている。また最近の動きとしては、上場企業に経営陣から独立した社外取締役の起用を義務付けるルール作りを金融庁と証券取引所が始めていることなども挙げることができる。

しかし経営者の中には、「ビジネスの現場を知らない外部の人材を経営の監視役とすることには問題がある」という意見もある。わたしの経験では、むしろあまり深くビジネスの現場を知らないほうが考え方に独立性を保つことができ、株主に近い意見を出せるというのが実感である。

いずれにしても現在は過渡期だと思われるが、将来的には日本に最も適した制度を探し出す必要があると思う。ニューヨーク証券取引所のルールを手本にして、その仕組みを導入しようとしているが、制度の直輸入はその裏にある背景を十分理解しないとむしろ害になることさえあり得る。

ここからは最近この米国企業で起きた衝撃的なＣＥＯ解任に関して、実際に社外取締役の果たしたリーダーシップ的役割を述べよう。

二〇〇五年二月始めに、この会社はＳＥＣ（米証券取引委員会）の東部地区管轄から召喚状（Subpoena）を受け取った。ある株主が株価の低迷に疑問を持ち、それをＳＥＣが受けた形になっていた。

これより一カ月前に、社内の幹部から社外取締役に相談があった。決算書をＳＥＣに提出するにあたって、その社内合意がとれないということであった。しかも文書で申し立てられた内容はかなり深刻であり、業績低迷の遠因も含まれていた。

早速、社外取締役で構成される監査委員会が調査を行うことになった。経理や法律の専門知識が必要とされるため、直ちに監査委員会は外部のコンサルタント会社（Independent Council）に調査を依頼した。中間報告があったが予想以上に深刻な状態で、前述のサーベンス・オクスレー法に触れる可能性があるというものであった。

すなわち経営陣の統治能力に、重大な問題（Major Issues）があると指摘していた。

この結果を基に、同社のＣＥＯは難局を打開すべく何度も臨時取締役会（Board of Directors Meeting）を召集した。しかし主導権は完全に社外取締役に握られていた感が強かった。ＣＥＯは社内取締役を取り込もうと必死に動いていたが、過半数を占める社外取締役に対しては力及ばずであった。

四月になっても同社の株価は相変わらず低迷しており、この危機的状況は資金繰りにも深刻な影響が出始めた。社外取締役だけの会議も増え、早急に重大な結論を出さなければいけない雰囲気になってきた。

そして監査委員会がまとめた案の最終打ち合わせを行った。その案は、もはや現在の経営陣には株主を説得するだけの経営統治能力はないという認識で、会長兼CEOと社長の即時退陣を要求するものであった。そして社外取締役で構成される指名委員会が新CEOを推薦することとし、それまでは社外取締役のひとりが暫定CEOを兼ねることにした。

いよいよ最後となる臨時取締役会が招集された。現CEOと社長は室外で待機とした。社内外取締役の会議は異様な雰囲気であった。会議の冒頭に現CEOからの抗議のメモが秘書を通じて配られた。すぐに役員のひとりから動議（Motion）が出され、社外取締役のひとりが暫定議長に推薦され、これが可決された。

あらかじめ作ってあった提案の審議に入り、三時間に及ぶ議論が続いた。最後に議長が役員一人ひとりの意見と賛否を問い、過半数を占める社外取締役の賛成で原案は可決された。ここに十年以上にわたって創業オーナーとして君臨したこのCEOの解雇が決定したのである。

翌日、元CEOによって全世界の社員への説明が行われ、同時に新聞発表の段取りを行った。この後、場所を変えて暫定ＣＥＯだけによる今後の方針が説明された。この時にはあらかじめ決めておいた解雇者の発表も同時に行われた。

ここで特筆することは、社外取締役が一貫して経営陣に対する独立性と、かなり強い権限と使命感を持っていたことであった。そしてその根底には、株主の立場を守ろうとする伝統的な精神が流れてたからであろう。

わたし自身この渦の中で強く感じたことは、今さらながら会社とは何かということであった。

天才肌のこの社の創業者は家族を犠牲にしてまで猛烈な努力をし、時代の最先端をいく新しいビジネスモデルをもってして、この会社をナスダックに上場するまでに育てた。その後もこのオーナーは会社を世界市場に広げていき、株価も期待どおりに上昇した。

わたしが社外取締役ということでこの会社に関わることになったのは、それからしばらくたった頃である。この会社について最初に感じたことは、すべての決定がオーナーによって決められているという驚きであった。そこにはチェック・アンド・バランスもなく、外部のチェックや声を聞くことも形骸化しているように思われた。

数多い個人株主の声も経営には反映されていなかった。オーナーは「マイカンパニー」の気持ちで一生懸命経営してきたに違いない。しかしこの「個人の想い（マイカンパニー）」と「上場（パブリック）」という次元の違う世界を混同して会社経営を行ってきたことが、今回の結果を招いてしまったのである。「パブリック」の持つ意味は非常に重い。

上場を認められたときから、企業は「わたくし」から「公共」に変わってしまう。経営者は、多くの株主を代表して企業の運営を任されているにすぎないということになるのである。

エンロンやアンダースンなどの例に見られるように、この認識に反する行為が多発した三、四年前から、SECの規制がより厳しくなり本来の道に戻そうとする力が必要以上に働いた感がある。基本軸に対して振れが大きすぎたきらいはあるが、この「パブリック」という基本軸を認識していることが、企業の健全性を保ち続けるうえでとても重要なことだと、今回の経験から改めて感じることができた。

余談になるが、社外取締役として議論をし賛否を決める過程で、次のふたつのことが常に頭にあった。

ひとつは長い米国企業の歴史の中で培われた「パブリック」の持つ意味の、わたし自身の認識の浅さである。

そしてふたつ目は振れすぎた感はあるが、SECの規制強化である。わたしの認識の甘さはどうにか矯正できそうであったが、このサーベンス・オクスレー法に基づいたSECの規制によっては、自分自身の判断次第では社外取締役としてわれわれも召喚され、起訴、ひいては逮捕までにつながる恐れが最後まで頭の中から離れなかった。

ほかの社外取締役もわたし以上にこの点については神経質になっていた。このCEOの解任に進めるにあたって、取締役にも万が一の訴訟に備えて掛けてある保険金の増額を急きょ決めた経緯もあり、訴訟という恐れも一層現実味を増したものとなっていたからである。

ＣＥＯ解任劇に深く関わった経験は貴重であったが、社外取締役の判断によってこの会社が早く回復して株主の期待に沿えるように願っている。

さて「公共（パブリック）」という点において、われわれ社外取締役は今回のＣＥＯの解任劇ではリーダーシップをとった。リーダーシップの発揮におけるもうひとつの重要な点は、多くの人から支持されるしっかりとした軸足を持っていることである。今回の軸足は株主の利益を守ることの一点に絞られていた。

現在、企業経営に最も問われているリーダーシップのひとつが、透明性の向上と言われている。実際これが欠けていた結果が、ＳＥＣの召喚から始まりＣＥＯの解任に終わった経緯を生んだことになるのである。

この会社にも株主の声を聞く仕組みもある程度はあったように思えた。ＳＥＣの規定に従って社外取締役制も取り入れ、社外有識者によるアドバイザリー・ボード制も敷いた。しかし問題は、出された声や提案を受け入れる経営風土ができ上がっていなかったことにあったのである。

ここで、海外企業と日本企業における「行動基盤」「経営手法」「経営視野」「経営者選択」そして「経営者評価」の違いをまとめて図28に示そう。

図28：海外企業と日本企業におけるトップマネージメント

	海外企業	日本企業
■ 行動基盤：	外的圧力	内部融和
■ 経営手法：	多様選択肢	伝統継承
■ 経営視野：	グローバル	インターナショナル
■ 経営者選択：	内外部	内部
■ 経営者評価：	利益	長期的成長・雇用

企業におけるリーダーシップについてのまとめ

以上、海外企業と日本企業におけるリーダーシップの違いを考察してきた。

しかし企業がますますグローバル化されてきている今日においては、海外企業と日本企業におけるリーダーシップの差異は少なくなってきているのではないだろうか。さらに逆になっている部分も多々あると思う。しかしここで述べた違いが出た背景を理解することによって、どのようなリーダーシップが外部環境の変化に迅速に対応することができるかを浮き彫りにすることができたつもりである。

またマレーシアでの企業の再建でも、多くのことを学ぶことができた。

一般的に企業が衰退した過程を見ると、いろいろな原因の中で外部環境の変化に対応し

図29：企業におけるリーダーシップのまとめ

- 企業の盛衰はトップの強力なリーダーシップと、それを支え増幅するマネージメントで決まる。
- 一時的な改革で終わるのではなく、節目のある継続的改革をしていく企業のみが生き残ることができる。
- 企業が継続して発展していくには、将来を担うリーダーを長期的かつ計画的に育成していくことが不可欠である。

きれなかった点が、最も大きな要素のひとつとして挙げることができる。変化のスピードや質についていけなかったトップマネージメントのリーダーシップに起因することが多々あると思われる。このように変化の激しいときは強力なトップのリーダーシップが企業の盛衰を決めるといっても過言ではないだろう。さらにトップとともにそれを支え、増幅するマネージメント層がどのくらい厚いかが成功の鍵を握っているのである。

当然のことながら外部環境は絶えず変化している。したがって一時的な改革で終わるのではなく、節目のある継続的改革（実はこれを実行していくことが最も難しいことだが）こそが、企業の生き残りの道と考えられる。

継続的に成長し発展している企業のトップの方と話しをすると、熱い思いを持って強調されるのはリーダーの育成に関することである。すなわち強いリーダーシップが発揮できる幹部を、長期的に育てていくことに強い関心と期待を持っているのである（これらをまとめると図29のようになる）。

第5章

これから企業人として巣立つ若者へ

人材育成

ある大手調査会社の報告によると、帰国子女の八割が就職の際の会社選択の場合、仕事の内容で選ぶという。それに対して国内大学の学生は、会社の安定度で選ぶ割合が八割であるという結果が出ている。

人材の流通インフラが社会全体に定着している場合は、会社選択で仕事に就いても比較的容易に自分に適した、自分の望む仕事を中心に選択することができる。これらは海外企業に多く見られる傾向である。

一方「一所懸命」と言われるように一個所に留まり、そこで最後まで努力をし続けざるを得ない環境下では、なかなか人材の流通が起こりにくい。したがって安定ということを、多くの学生が会社選択の際の基準にしている。これらは日本企業に多く見られる傾向である。

このような環境の違いや歴史的背景があるにしても、人材育成の重点が海外企業では個人の成長に、日本企業では会社が中心に置かれていることも事実であろう。

個人の成長にあまり重点を置くと、将来より良い条件で他社に移ってしまうリスクがあると指摘する経営者もいる。しかし会社が本気で個人を尊重し、その能力を伸ばそうとしているならば、社員は与えられた職場で積極的に最大限の貢献をするものである。

人材採用においても、その職場に直結した部門が判断し採用を決めていく傾向が海外企業においては強い。日本企業では人事部が中心となって採用を決め、その後各部門に配分する

図30：海外企業と日本企業における人材育成

	海外企業	日本企業
■行動基盤：	個人の成長	会社の成長
■育成手法：	部門別	人事部中心
■採用：	専門性 随時	人柄・協調性 特定
■幹部育成部門：	トップ直属	人事部の一部
■評価基準：	リーダーシップ	協調性

ことになる。その場合の採用基準は、社内における協調性がかなり大きな比重を占めている。一方、部門が採用する場合の基準は個々人の専門能力に重きを置いている。

次に幹部育成についてその違いを見てみよう。成功している海外企業に多く見られるパターンは、個人の尊重と成長を基本として、リーダーシップ能力を伸ばすことを幹部育成の根幹としている形である。そしてこの幹部は将来、経営の方針を自ら決断し他を導いていく能力が求められることになる。その重要性から、幹部育成は経営トップの直属にその育成の任を託している場合が多い。

一方日本企業に多く見られる傾向は、上級幹部に期待される資質として調整と協調型に重きが置かれ、いわゆるゼネラル・マネージャーのような全天候型の資質が求められていることである。この幹部は社内のコンセンサスをとりながら、最大公約数的経営方向を打ち出していくことになる。したがってその育成方法や評価も、協調性が主要な要素のひとつとなる。

海外のいくつかの企業経営に実際携わってきて実感することは、会社がリーダーシップを持って個人の成長に真剣に対処することがいかに効果のあることかということであった。社員の得意分野を見極め、彼らに適した仕事を与え、さらに伸ばしていく努力を続ける。時として会社の利害とは短期的に反することもあるが、長い目で見れば社員と会社の両者にとっても大きなプラスになることが多い。現にCEOとして携わってきたマレーシアの会社の技術者の退社率が、三分の一以下になったことは第2章でも述べたとおりである。

以上の海外企業と日本企業の人材育成の違いについては、図30を参考にされたい。

●転職とマレーシア人気質

転職は日本でもそう珍しいことではなくなった。

東南アジアの国々では景気にかかわらず転職率が高い。ここマレーシアでもある調査によると、二年以内に会社を変える人は五〇パーセント以上だという。このように転職が日常的になっているので、多くの企業では仕事の効率低下や雇用コストがかさんできている。

転職理由は、高収入や満足できる仕事を求めてというのが常にトップを占めている。次に挙げられるのが、今の会社は自分を正しく評価してくれていないという理由によるものである。

わたしはこのマレーシアでも、辞めていく人や職を求めて来る人たちと数多く会ってきた。そこでいつも感じたことは、自分自身をしっかりと分析し、自分の能力をはっきりと主張するする人が非常に多かったことである。

また彼らからは、会社を選ぶのではなくて職を選ぶという強い意思が明確に伝わってくる。多数の民族が混在した社会では、自己が埋没しないようにしっかりと他に印象付けようとする力がいつも働いているようにも思える。そして国や会社が頼りにならず、たとえ自分だけになっても、何とか生きていける技術や能力を身に付けようとしている彼らの姿は力強くもある。

会社経営者は、このような人たちの満足度を上げるしっかりとした心構えを持たなければならないと思う毎日である。

また当地に来たときからよく耳にする言葉があるので、次に紹介しよう。

会社で仕事の状況を尋ねると、"On the way. On the way."という返事がよく返ってくる。意味していることは、どうやら「すべきことには取りかかっているから、そんなに心配しないで」ということらしい。しかし、その裏には「そんなに焦ったってしょうがないよ」という意味合いも含まれているように感じた。

初めは驚きもしたが、せっかちな日本人と当地の人たちとの違いを如実に表している言葉だと感心もしたものであった。

ここマレーシアは緯度も赤道に近いので、一年中日の出、日の入りの時間はほぼ同じだ。気温もそんなに変わらない。雨季と乾季があるが、その差もあまりない。また雨季といっても、一日に短時間大粒の雨が降るだけである。地震、台風（モンスーン）といった自然の脅威もない。しいて言えばインドネシアから飛んでくる森林火災の煙による煙害（ヘイズ＝Haze）によって、視界が悪くなる日が年に二、三日あるくらいだ。

したがって冬に備えていつまでに何かをするとか、いつ来るかも分からない地震、台風などの自然現象に対策を立てておくといった、何かにせき立てられる心理状態に長年なれてきた日本人のわれわれとは、行動や考え方に違いがあるのは当然だとここに来て実感として理解できたような気がする。

この地の人をもう少し理解してくると、せっかちでせき立てられた行動こそしないが、一定のスピードを保った行動を続けていることが分かる。例えば仕事の面を考えても、せっかちなわれわれ日本人と彼らとの成果の違いは、ある時間軸で見ればあまり変わらないような気もしてくる。

アジア最大のクアラルンプール国際空港は、基本的な空港機能が整った段階の一九九八年にオープンした。そして開港後訪れるたびに経験することだが、利便性、快適性、娯楽性などに関わる施設が休むことなく加わっていくことを目の当たりにしている。

われわれ日本人の思考形式からすれば、まずすべての施設や設備が完成しないまでは空港のオープンということにはならないだろう。しかしある時間軸で見れば、どちらの方式をとってみても設備が整った新空港といった最後に得られる成果は同じになるわけだ。

この地でマレーシアやほかの国の人々と一緒に仕事をするときに自分自身に戒めていることは、決して彼らの行動パターンや考え方を非難するのではなく、逆にそれをうまく生かせるような計画を仕事に組み込むことに視点を変えることである。

昔からよく知られている『イソップ物語（*Aesop's Fables*）』の中に「アリとキリギリス」の話がある。

アリは冬の食料備蓄に向けて夏は一生懸命働いている。一方キリギリスは夏でも働かず、遊び楽しんでいる。その結果アリは寒い冬を越すことができたが、キリギリスは冬に死に絶えてしまったという話である。このことから、人もアリのように一生懸命働いて蓄えを持たなければならないという例え話にもなっている。

この地、南国にもアリはたくさんいる。忙しそうに動き回っている行動様式は、わが国ともあまり変わらないような気がする。一年中 Hot, Hotter, Hottest のマレーシアでは餌は豊富にある。母親は子どもに「アリさんのように一生懸命働いて餌を貯めないと、死んでしまいますよ」とお話をしているのか、試しに当地の人に聞いてみた。『イソップ物語』は知っているが、「アリとキリギリス」の例え話は始めて聞いたということであった。

この物語が人々に語り継がれているかどうかは別として、彼らには貯蓄に関する意識は極めて低い。緊急に資金を要する自然災害などが皆無に等しい環境下では、貯めるという意識が希薄なのであろうか。

この地の人たちは、江戸っ子気質のように入ったお金はすぐに使ってしまう傾向が強い。給料日近くになると、人事部に前借の申し込みが増える。

「入ったら、使ってしまう」は、裏を返せば「入らなかったら、使わない」ということだ。そこでこれを会社の人事政策にも取り入れることにした。従業員は、祭日に家族のためにお金を使う傾向が強いことも分かった。各民族の正月に匹敵する祝日が十一月から二月にかけて目白押しになっている。そこで初めての試みとして、(少なくとも近隣の各社では行っていない）社員のボーナスを祝日に合わせ、複数に分けて支払うことにした。

その結果、以前のような前借も減少し、お金も少しは計画的に使うようになった。社員からも好評で、これからもこの施策を実施する予定にしている。

企業を取り巻く環境

一昔前のキーワードに「企業三十年寿命説」というものがあった。今日では、さらに終身雇用の崩壊、アウトソーシング、選択と集中、分社化、知的財産信託、ネットワーク・ビジネス、世界規模の合併など、企業を取り巻く環境を象徴するキーワードが氾濫している。急激に変わってきている企業を取り巻く環境の中で、これから社会に旅立ち企業人となる若者はどのように対応したらよいのだろうか。

ここでは、企業を取り巻く環境の変化に最も関わっていると思われる「ボーダレス（Borderless）化」と「スピードと変化（Speed & Dynamics）」について述べたい。

（1）ボーダレス（Borderless）化

わたしは三十数年前にＩＢＭに入社し、すぐにニューヨークの北にあるグレンデール研究所に三年ほど開発研究員として日本から派遣された。まだ為替レートが一ドル＝三六〇円の時代である。当時は日本からニューヨークまでの直行便はなく、アンカレッジ経由の空の旅であった。

周りは外国人ばかりの中に日本人はたったひとり、「システム370」の開発プロジェクトグループに放り込まれた。

ここにはアメリカ人はもとより、ヨーロッパ、アジア、中東などから来た人たちも数多くいた。特に仕事上で深く付き合った同僚は、職を求めてはるばるイスラエルから来た人だった。ほかにも米国での留学を終えて、そのまま入社したインド人もいた。

当時としては日本を離れて外国に職を探しに行くことなど、そう簡単なことではなかったし、少なくともわたし自身にはまったく考えられなかった。しかし周りの人たちは、いとも簡単に国境を越えて職を探し求めていた。政治や経済面と同様、人も国境を越えることはそれなりの制限があるにもかかわらず、これほど自由に移動できる光景を目の当たりにして、国単位の考え方で凝り固まっていたわたしには大変な驚きとショックであった。三十数年前の話である。

一方現在ではどの日本企業もボーダレスの時代に突入したとして、その覚悟と対策に腐心している。しかし、どうも世界はとうの昔にボーダレス化しており、それに伴ったさまざまな障害を長い間かけて乗り越えてきた、または少なくとも経験してきたように思える。海外での事業に携わってきたわたしから見ても、ボーダレスの時代が来たからといって何か特別なことをしなければならないという意識が現地の経営幹部からは特に感じられない。彼らはすでにボーダレス化の中で長くもまれてきたからだと思う。

ボーダレス化によって、日本企業の経営者も今までの狭い視野からグローバルな視点に変えて自分の企業経営を診るようになり、世界の競争相手と戦っていくことになる。そのために自分の企業をどのように差別化し、他の追従を許さないレベルに持ち上げるかといった懸命の努力が続くことになるのである。すべてのことを自前で平均的にこなしていたのでは、当然世界の競争相手とは難しい戦いになる。

海外企業が長い間のボーダレスの環境下でたどり着いたひとつの解は、世界規模での「差別化・特化」型に徹することであった。

製造業の企業経営プロセスを例にとれば、マーケティング、R&D（Research & Development＝リサーチと開発）、生産、販売、そして保守となるのが一般的だ。従来はこのプロセスをすべて自社でそろえて経営することが標準であった。

わたしが社外役員として携わっている海外のある企業では、全体のプロセスのうち、自社の得意分野であるマーケティングと基礎開発のみに経営資源を集中し、ほかのプロセスは委託またはライセンス手法を用いることによって全体のプロセスを完結している。経営資源を得意分野である基礎開発に集中した結果、膨大なＩＰ（インテレクチュアル・プロパティ＝知的資産）を蓄積したのである。

しかも開発・製造プロセスが自社にはないために、製造設備などの固定資産の負担が極端に少ない有利な条件で経営を行うことができる。その結果、この企業は早期にナスダック（ＮＡＳＤＡＱ）に上場することができた。この成功の裏には次のようなもうひとつの重要な要素が含まれているのである。

それはこの企業が経営資源をマーケティングと基礎開発に集中させているほかに、全体のプロセスを最適化する管理技術にも経営資源を投入していることである。この管理技術は比較的新しい分野に属すると考えられているが、この企業にとっては、自社の得意分野と他社のそれを統合して全体のプロセスの最適化を図る最も利益を生み出すインテグレィション

図31：ビジネスモデル

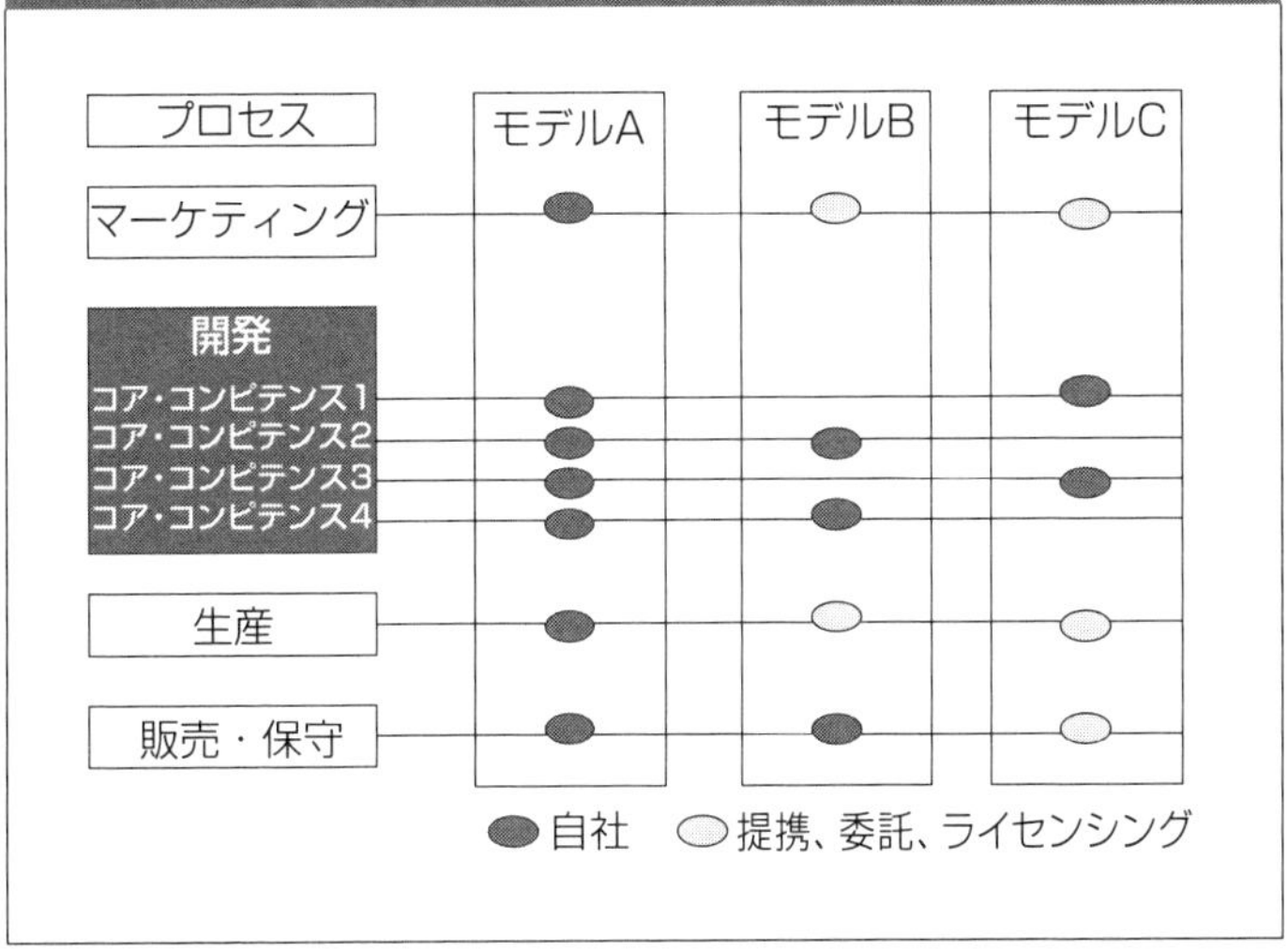

（統合）能力ということになるのである。

　このように自社の経営資源を最も得意とするプロセスに集中させ、ほかのプロセスも最も競争力のある企業と提携、あるいは協業などの形態をとることによって、ボーダレスの環境下でも適応し生き残る努力を続けてきている姿勢は注目すべきこれからのビジネスモデルのひとつと言えよう。

　以上述べてきた内容を改めてビジネスモデルとして整理してみよう。例として、得意分野（コア・コンピテンス＝core competence）をある技術分野の開発と仮定する。

　モデルAは、経営資源をマーケティングから販売まで、すべてに分配する自己完結型。

　モデルCは、コア・コンピテンスに経営資源を集中し、ほかのプロセスは提携や委託、またはライセンシングといった外部との混合型。

モデルBは、その中間型となる。

これらのモデルを決める要因は、コア・コンピテンスが創り出す知的財産の度合いに拠る場合が多く見られる（図式すると図31のようになる）。

（2）　スピードと変化（Speed & Dynamics）

三カ月すなわち一年間の四半期を、インターネットの世界の途方もないスピードの速さにならってウェブ・イヤー（Web Year）と言われ始めてかなりの年月がたった。

ウェブ・イヤーの三カ月で、今までの年単位に相当する変化が起きていることを象徴的に表したものである。今では四半期ごとの決算報告が標準化されつつあるが、さらにＩＴ関連機器部品の需要・供給は週単位の取引にまでなっている。トヨタ方式として知られる「すべからく部品は組み立てラインにJust in Timeで供給されるべき」とする「ジャストインタイム（ＪＩＴ）方式」では、部品の取引は日または時間単位である。

スピードと表裏一体にあるのが、ビジネスの変化になる。この変化の原因は、需要サイドの変化によることが多いと思われる。この需要サイドの変化は過去にもすでに起きていたことではあるが、昨今の急激な変化の連続は世界的規模でのテクノロジー革新が続いていることなどに起因しているのであろう。

図32：企業人として飛躍するために

現代の企業を取り巻く環境

■ **ボーダレス（Borderless）**
- 自前得意分野と外部資源との組み合わせ
- この組み合わせを管理・経営するビジネスモデル

■ **スピードと変化（Speed & Dynamics）**
- 年単位から四半期、月、日単位に移行
- 世界規模のテクノロジー革新

例えば半導体は年々極小化されており、その集積度は二年から三年半で倍増してきている。磁気記憶装置（HDD＝Hard Disk Drive）の記憶容量も、年々七、八割の勢いで伸びており、液晶パネルの生産技術をとってみても、一枚のガラスから取れる液晶パネルがこの十年間で五倍にも増えている。

こうした最新の技術を取り入れた新製品やシステムが数カ月ごとに市場に現れ、前述したボーダレス化の波が日本企業にも押し寄せてきている。この二点が激変の主な要因として考えられる。ほかにもいろいろあるが、この二点は当分の間、企業の変化に大きな影響を及ぼし続けるのではないだろうか。企業人として飛躍するために、以上の現代の企業を取り巻く環境を図32にまとめてみる。

企業人となる若者へ期待すること

（1）自負できる得意分野を持とう

わたしは最近、オーストラリアのゴールドコーストにあるゴルフアカデミーに短期入学した。世界有数のリゾート地にあるこのアカデミーには、日本からも多くの若者が研修生として参加している。

一年から三年くらいここで厳しいレッスンを受けて、ゴルフのプロテストに挑戦するそうだ。プロテストに合格するのは受験者の四～五百人に対してひとりぐらいで、その割合は〇・二パーセントだそうだ。とてつもなく厳しい世界である。

このアカデミー出身者の一パーセントはこのプロテストに合格しているそうで、その中には現在もトップクラスのプレーヤーとして活躍している人もおり、この世界ではかなり名門と言われているアカデミーである。

ほとんどの研修生は二十代前半の男女によって構成されている。レッスンは午前八時から午後五時までの週五日となっている。どの研修生も朝の七時前から自主練習を始め、さらにレッスン終了後も黙々と一、二時間練習をしている。週末も練習に明け暮れている。彼らは一パーセントのチャンスに全エネルギーをつぎ込んでいるのである。

この研修生の中で誰がプロテストに合格しそうかと、オーストラリア人のインストラクター氏に聞いたところ、答えは意外にも今は成績が中ほどにいる生徒のAだと教えてくれた。

理由を問うと、彼にはミラクルプレーが期待できるからだそうである。

実力がほぼ拮抗《きっこう》しているプロの世界で勝ち抜くためには、他人には真似のできない「光り物（ミラクル）」を発揮することが絶対に必要であることを強調された。現にミラクルプレーができる卒業生が、プロの世界で活躍しているという。

親子ほども年の違う若者と一緒に同じレッスンを受けた。どの若者も多少の不安を持ってはいるものの、一パーセントの可能性に向けて明るく懸命に努力している姿には心から頑張れと応援したくなる。彼らに研修生になったきっかけを聞いてみると、自分の持っている能力をもっと向上させたいからだと熱っぽく語ってくれた。彼らは、自分で誇れる得意分野を懸命に求め続けているのである。

これからの企業人となる若者には、これほどではないにしても他人と差別化できる自分の得意分野をひとつ持っておくことを強く勧めたい。その分野は仕事に関係するものであれば、かなり広範囲なものでもよいと思う。そして自分としても、これだけは絶対他人に負けないとひそかに自慢できるレベルであることが望ましい。この得意分野を持てた人は、さまざまな仕事上のチャレンジに際しても、心の余裕を持って自分の得意分野の応用編として立ち向かうことがより容易になるのである。

前にも述べたように、これからの企業のビジネスモデルは、自社の得意分野（コア・コンピテンス）に経営資源を集中させ、ほかの経営プロセスは外部資源との組み合わせを利用することによって全体が完結するとした。企業はより競争力のあるコア・コンピテンスを持つことにより、有利な条件でほかの経営プロセスを外部資源として融合することができる立場になるのである。

また企業の中の個人が強い得意分野を持つことによって、個人と会社の双方にとっても長い目で見て良い結果をもたらしている例を、わたし自身多く見てきていることもここでは付け加えておきたい。

（2）正解はない

海外企業の社員と日本企業の社員が一堂に会して会議をしたとしよう。まず想像できるひとつのパターンは、われわれ日本人が黙々とメモをとって、決して積極的に討議に参加しない（参加したくてもなかなかできない）型である。

この場合は言葉の壁がそうさせているのかも知れない。しかしもっと違う原因があるように、わたしには思えてならない。

わたしが米国の大学院に通っていたとき、授業のほとんどは討議が中心であった。学生の半分以上は米国籍以外の者であった。皆が先を争って発言する中で、日本人のわたしひとりが置いてきぼりをくい、黙って分かったふりをしていたことを思い出す。その時の自分の頭の中には、正しい答えだけを探し、もし間違った発言をしたら成績は零点になるという思いしかなく、長い間持っていた一種の固定概念に縛られていたような気がする。

もともと討議で使われるケーススタディは、ひとつの解を求めているわけではなく、状況に応じて柔軟な対応力を付ける訓練であった。しかしわたしは、正解か不正解だけの狭い思考範囲に縛られて、自由な発想を殺してしまい複数の解があることを見逃してしまっていたのである。同時に、ほかの学生が発言している中に、実は複数解のヒントが秘められていることも当時は気がつかなかった。

企業においても、これに通じるものがあると考えている。仕事の場では、たったひとつだけの正解ということはあり得ない。議論の場では、自分の発言がより良い解に近づける助けになるくらいの気持ちで、積極的に議論に参加するべきである。そして大切なことは、聞き上手になって、人の話を聞きながら自分の考えを構築していくこと。こうすることで、今まで以上に自分が柔軟で幅広い考えに変わっていくことができる。多くの内外のトップマネージメントと会ってわたしが感銘を受けたことは、まさしくこの真摯《しんし》に相手の話を聞こうとする姿勢であった。

（3）　コミュニケーション上手

わたしは現在も、いくつかの海外にある日本企業の経営に携わっている。

そこでは日本人も現地社員と混じって活躍しており、彼らは技術的にも規律尊守の面でもとても優秀である。しかしマネージメントとなると、その優秀さが生かされていないような気がする。

すなわち、現地人の上司の下で働いている日本人が少なくないという現実があるからである。これ自体は決して悪いことではない。しかし一方で、日本人にも外国人を部下として持ち、技術面でも規律尊守の面でも、より効果的にマネージメントしてほしいと思っていることも事実である。しかしグローバルな企業でも、日本人が外国人を部下に置いたマネージメント・ポジションに就くことは、今でもなかなか難しいことになっているのが現実である。日本人の経済力、技術力、組織力など、今やどれをとっても世界に引けをとることはない。しかしこれをより効果的に拡大するには、マネージメント・ポジションをこれからもいろいろな層で確保していく必要があるだろう。

わたしは、日本人にはマネージメント能力がないとは決して思わない。しいて言えば、マネージメント能力の重要なひとつである効果的なコミュニケーション力が外国人のそれに比べて少し欠けていることだと思う。このコミュニケーション力は会話力と説得力と言い替えてもよいだろう。

会話力について述べてみよう。

アジア諸国で仕事をして、まず脅威に感じることのひとつに、現地の一般職以上の社員は自国語のほかに一、二カ国語くらいは日常生活に支障のない程度に話せることがある。確かに、彼らの語学力は必要に迫られて身に付いたという側面もある。しかしそれ以上にわたしには、われわれ日本人の語学力に対する危機感が足りないことのほうが将来に禍根を残す気がしてならない。

昨年の日本の新聞にも紹介されたマレーシアに関するこんな記事があった。

「マレーシアの小中学校で情報技術（ＩＴ）分野などの国際競争力向上をめざし、理数系の科目を世界共通語の英語で教える試みが始まって三年がたった。しかし、英語で教えられる教員の不足や、児童・生徒が授業についていけるかどうかなど懸念も根強く、新制度をめぐる議論が続いている」（二〇〇五年十二月二十八日付、『朝日新聞』）

マレーシアの現アブドラ首相は現在も、政策を変更する予定はないとして、二〇〇八年には理数系科目の試験を全面的に英語にする方針だという。

日本でも現在、小学校で英語をどのように指導するかという議論が続いていると聞く。

ここでわが国の英語教育についてうんぬんするつもりはないし、日本人皆が英語を流暢《りゅうちょう》に話す必要もないとは思うが、興味ある話題だと思う。

しかし、これから企業人となる若い人に大いに期待したいことは、各国の若者と同等にわたり合えるくらいの英語の会話力を持ってほしいということである。今まで接してきたマレーシアを始めとする各国の若者は、企業という場においては驚くほど現実的に英語を必要不可欠なコミュニケーションのツール（道具）であると認識している。この強い認識があるからこそ、他に頼らず自らの投資として英会話力を身に付けてきているのである。日本人は英語が上手でないとよく言われるが、これもそうではないと思う。強い意志とその必要性の認識さえあれば、誰でもほかの国の若者の英会話力レベルに到達できると信じている。

●マレーシアの語学事情

ここマレーシアでは、学童の新学期が一月の三日から始まる。暮れも押し迫ったある日、わたしの運転手がお金を貸してほしいと言ってきた。四人の子どもが幼稚園と小学校に通っていて、授業料を三日までに払わなければならないというのが借りたい理由だった。金額も少ない額ではなかったのでもう少し聞いてみると、なるほどと納得できるものであった。

かなり前からマレーシアでは、政府主導で英語教育の早期導入を実施しており、小学校では理科と算数、または地理の授業が英語で行われている。また大学では、すべての授業を英語で行うところもあれば、限られた科目に絞っているところまであるというように幅がある。いずれにしても当地の英語教育については、現在も保護者の支持を得ているようである。

一方このような授業についていけない小学校の生徒には、政府が補助金を出して補習授業を行っている。これには少額だが保護者にも追加の授業料が必要になってくる。ひとり分ならなんとかなるが、この運転手には四人分はこたえるということで、先ほどの借金の要請となったわけである。これにはわたしも喜んで貸すことにした。

最近の語学に関する危機意識は、マレーシア政府を含めてさらに進み、現在では自国語であるマレー語と外国語の英語だけでは不十分という認識に立ち、英語に加えて中国語（広東語）も進めている。すでに多くの学校で中国語を二つ目の外国語として取り入れている現状を見るにつけ、この民族の現実主義とバイタリティーの強さを改めて感じざるを得ない。

ここで、海外での日系企業、特に製造業を語学という観点から見てみよう。マレーシアにも多くの日系の製造企業が以前から進出している。

わたしの秘書は横浜国立大学を卒業した、マレー語・日本語・英語・広東語が堪能な仕事もてきぱきとこなすマレーレディーで、以前はある大手の日系企業の現地法人に勤めていた。その会社の会議は日本人だけで行われ、必要な伝達事項は彼女を通じて現地の従業員に伝えていた。これは多分に極端な例だとは思うが、ほかの日系企業でもだいたいが日本人だけでまとまって事を進めていく傾向に変わりはないのではないだろうか。

現地の人を交えての会議や討議を行ったほうが効率が良く、成果が出ることは分かっていると一緒に働いている日本人スタッフも皆思っている。しかしそれを阻む最大の障害は、われわれ日本人の語学力、特に英語の会話力なのである。

わが社でも日本人だけで固まることがないように、強制的に会議は英語と決めた。最初の半年は非効率の域を脱することができないでいた。しかしだいに日本人の間でも、英語を使わなければ仕事が進まないという危機感がつのってきた。この危機感こそが、日本人の英語に持っている劣等感を解決する唯一の方法だと信じている。

前にも述べたように、わたしは基本的に日本人の英語の語学能力はそんなに劣っていると は思っていない。ただ日本で生活するだけでは、普段からその必要性を感じていないので、英会話能力が身に付かなかっただけなのである。

マレーシアのわが社の再建の成果も、突きつめればこの社員との英語でのコミュニケーションが飛躍的に改善された結果によるものが大きいと思っている。

一方でアジアの人たちは暮らしを支えるために、またせっぱつまった危機感から英語やほかの言語を身に付ける努力を以前からし続けている。彼らの努力は、これからの企業の一層のグローバル化とともにさらに生きてくるであろう。このような現実を直視している者としては、これからの日本の若い企業人が語学に対する現実的な危機感を持って、彼らに負けない努力をすることを祈らざるを得ない。

（4） 説得力の大切さ

海外の企業は業績が悪くなると簡単にレイオフ（layoff）ができるから、われわれ日本の企業とは違うと、ある経営者から言われたことがあった。わたし自身、海外企業で実際にこのレイオフに携わったこともあるが、その経験からすると海外の企業でのそれもそう簡単なことではないように思われる。

海外の企業では各職務ごとに職務記述（job description）があり、それには社員の必要な能力、スキルなどが細かく決められている。これに沿って個人のレベルが定期的に評価され、社員の側にも自分のレベルが常に分かる仕組みになっている。すなわち会社として、個々人のそれが必要なレベルに到達しているかどうかが常に分かるわけである。

レイオフの場合も、このようなオープンな評価制度のもとで個人との話し合いが行われる。心情は別としてもこの積み重ねられたデータベースのもとでの話し合いは、ただ業績が悪くなったからといって会社側が一方的にレイオフをすることとは違って、お互いにそれなりの説得力がある。両者が納得したデータベースをもとに行われるこのケースの話し合いは、多くの場合比較的良い結果が出ているように思われる。

ボーダレスが進むこれからの環境下では、企業も日頃からできるだけこのような客観的なデータベースをそろえておくことを常に心がける必要があると言えるだろう。

（5） 学ぶ（真似る）を超える

一般的に企業で新製品を開発する場合には、いくつかの手法がある。

1　まったく独自に世の中にはない製品を開発する。
2　競業他社の製品を徹底的に分析し、それ以上のものを開発する。
3　他国のものをいち早く導入して、新製品とする。
ほかにも方法はあるとは思うが、現実はこれらの組み合わせになっているケースが多いと思う。

海外から認められ、尊敬されている日本企業は、おおむね1を開発の基本として行動している会社である。すなわち世界から見れば日本発ということになる。

2は一番多いケースだが、コストの面でも有利になっている場合が多いので、消費者は低価格ということでこのような製品を購入することになる。

これは新製品の開発に限らず、企業の運営、マーケティング、販売などのプロセスの面でも同じことが言える。

ボーダレス化の環境下で、膨大な数の企業の中でその存在価値を問われた場合、世界から尊敬される企業であることが、これからの企業のアイデンティティーとしてますます重要になってくる。日本発の新製品、日本発の経営手法、日本発のプロセスなどを世界に発信し続けることが、そのアイデンティティーを確実なものにしていくことになるのである。

企業の歴史をたどれば、前述した3の直輸入方式から始まり、次に2のいわゆるリバース・エンジニアリング（Reverse Engineering）を経て、1の独創性を発揮し、そして日本から世界への発信につながっていく。

現在の日本企業は「真似る（直輸入）」から「学ぶ（リバース・エンジニアリング）」を経て、世界に日本から「発信する（創造性）」時代の真っただ中にあると言えよう。

アジア諸国で仕事をして強く感じることがもうひとつある。それはアジアでは現在もヨーロッパからの発信が多く、次に米国からの発信が続いていることである。しかしアジアの企業は、今こそ日本からの発信を最も期待しているように思える。逆を言えば、日本企業にもう少し独創性というところで欧米の企業との対抗を期待しているともとれる。

企業に対する期待値が、「真似る」から「独創性」に急速に変わってきている。これからの日本を支える企業人も、この流れをよく理解してその期待に応える気概を持ってほしい。

（6）　変化を恐れない

どの企業も、創業時と今とを比較すると驚くほど違っていると言えよう。ＩＢＭも創業初期の頃は「はかりや時計」を造っていた。仮の話だが、そのまま「はかりや時計」を造り続けていたら、現在のＩＢＭがないことは明らかだ。

ところで現在の製品やサービスが明日にもなくなり、ほかのものに変わっていくと言われたら、当事者はどう反応するだろうか。おそらくその変化を十分に納得し、心から受け入れる人は少数派だろう。過去の緩やかな変化に対してはそれなりに対応できても、急激な変化

図33：これから企業人となる若者へ

■ 自負できる得意分野を持とう
- これからのビジネスモデル
- コア・コンピテンス

■ 正解はない
- 聞き上手になろう

■ コミュニケーション上手
- 英会話能力
- 説得力

■ 学ぶ（真似る）を超える
- 真似る（直輸入）
- 学ぶ（リバース・エンジニアリング）
- 世界に日本から発信する（創造性）

■ 変化を恐れない
- 変化が当たり前
- 変化は自分の経験・能力を伸ばす良い機会

には心の準備が追いつかないのが現実だと思う。

これからのボーダレス化の環境下では、緩やかな変化であってもそれは世界規模で起こるので、各企業にとっては急激な変化の連続につながってしまうことになる。

すなわちこれからは、いやおうなしに急激な変化の世界で生きていかなければならないことになる。変化が当たり前になれば、それを恐れて拒絶反応を起こす余地もないと考えたほうが気が楽になる。変化の先にはまた次の変化が来るだろうくらいの気持ちで、いろいろな経験を積めるチャンスと前向きに考えるのだ。そしてむしろ、そこには違ったビジネスチャンスが見い出せる良い機会になると、平然と変化に立ち向かうことを期待したい。

変化をどのように捉え、どう対処するかが、本書における主たるテーマであった。これについては、あらゆる角度から考察してきたつもりである。

企業のリーダーシップも突きつめれば変化への対応能力と言っても過言ではない。またこれからの若い人は、変化は自分の経験・能力を伸ばす良い機会だと捉えてほしい。

最後に「これから企業人となる若者へ」として、図33のようにまとめてみる。

エピローグ

「グローバル化」は、今ではもはや聞きあきた言葉になってきているかも知れない。

本書では、わたし自身の三十六年間の外資系企業での勤務、また米国企業の社外取締役、そしてアジアでの企業経営の経験から、ビジネス社会におけるグローバル化に対する数々の挑戦を述べてきた。

海外にいて、よく耳にする日本企業および日本人に対する見方は、実にさまざまである。

「日本企業に象徴される閉鎖的体質」

「優秀な外国人の間では日本企業の評判は良くない。能力ある人間を生かさないから」

「いろいろな人種の混じったチームを引っ張っていくリーダーシップに欠ける」

「会議での議論（ディベート）を好まないので、何を考えているのかよく分からない」

「日本人のこれからの挑戦は、マネージメント力の向上である」など。

一方、日本の技術の面に対しても、いろいろな見方がある。

「単体のハードウエアに対する技術は高い。しかしソフトウエアとハードウエアを組み合わせた総合的システムの構築には独創性が低い」
「継続的に改良を続けていくよりは、時間をかけてでもより完成度の高いものを最初に市場に出す傾向が強い。その後はあまり改良版を出し続けない」など。

納得できるものもあれば、なかにはいささか過剰反応的な見方もあるように思われる。

本文でも述べたように、世界のビジネス界にはすでにグローバル化の洗礼を受け、長い間の試行錯誤を重ねながら、それに対応する努力をし続けて今日に至っている国々がある。欧米は当然としても、あえて言えばそれらはアジア諸国ではないだろうか。

これらの国々の人達、特に若い世代と接すると、グローバル化がもたらしてきた利点と欠点を巧みに吸収消化して、たくましく生き延びてきているように感じられる。彼らは、多民族の混成チームで成り立つ企業の管理・運営方法や、生き残るための得意分野への特化などの企業努力によって生み出されてきたものである。また同時に、この若き企業人たちは先輩の試行錯誤の末に得た知恵を、さらに現在も増殖しようと懸命な努力をしている。

前述の日本に対する見方の多くは、この若き企業人たちからのものである。多少の過剰反応はあるにしても、本質を突いているところも多い。なかでも実践的マネージメントを支えるリーダーシップの弱さ、コミュニケーション能力不足、総合的見方の欠如などの指摘はまさしく的を得ていると思う。

一方わたしたち日本人はグローバル化の洗礼を比較的新しく受けたせいもあり、いまだにこの言葉はわれわれにとって新鮮さを保っているのではないだろうか。このような状況下で、日本の若き企業人たちがアジアの若者と良い意味で競い合い、世界と真正面から対峙し、その力を遺憾なく発揮することを願って本書で提言をしてきたつもりである。

玉川学園でのセミナーや講演では、かれこれ三年以上にわたって企業におけるリーダーシップについての話をさせていただいている。

最初の頃に話題にした企業関連の事柄も、今ではすでに日常的な話題になっている感が強い。例えば、米国のエンロン事件に端を発したSEC（米証券取引委員会）の規制強化によるSOX法（サーベンス・オクスレー四〇四法）がある。

この話をした当時は、日本には関係のない世界のことという認識が強かった。ところが今では、どこの日本企業でもSOX法にかかりっきりという状態になっている。わずか二～三年前のことである。

また企業の決算時期においても同様なことが言えよう。現在多くの企業でも取り入れられている四半期ごとの決算報告は、今となっては決して珍しいシステムではなくなってきている。三年前に日本の大手製造企業の社長が、これからは世界標準の四半期の決算報告に移行するので、社内システムを含めて早急にこの取り組みを進めなければならないと、当時としては先進的な抱負を語っていたことを思い出す。しかし、これもわずかの期間で日常的な事柄になってきたことはすでにご承知のとおりである。

これらは企業システムの変化をめぐる事例のあくまでもひとつにすぎないが、技術の世界でも極めて短期間の変化が続いていることも見逃すことはできないだろう。

わたしがこれまでにもいくつかの企業再建に関わってきたことは、すでに本書でも述べた。これらの経験を通してわたしが実感したことは、業績不振に陥った企業にはある共通点があるということである。

それらは大きく分けて次の二点――ひとつは環境の変化への対応の遅さ、そしてふたつ目は社内体制やその風土が非顧客志向――であると言える。

すなわち、ビジネス環境の変化は往々にして後になって認識することが多いが、この変化を一過性のものとして楽観視せずに真摯《しんし》に見極め、それに即対応するという経営資質に欠ける点、そして社内のエネルギーが顧客に対してより内部に向けて多く使われている点である。

本書では、これからの企業を支えそしてさらに伸ばすための真のリーダーシップは、これらに対してどうあったらよいかを、わたし自身の経験を基に私見を述べてきたつもりである。筆者の浅学と経験不足による一方的な見方もあると思う。読者のご指摘とご助言いただければ幸いである。

最後に、本書の出版に際しては、玉川大学出版部の森貴志氏と出版コンサルタントの木田賀夫氏に多大のご尽力とご支援をいただいた。記してここに感謝申し上げたい。

山岡法次（やまおか・のりつぐ）
1941年東京生まれ。早稲田大学第一理工学部卒業後、日本ＩＢＭ入社。米シラキュース大学大学院でシステム・インフォーメーションを学ぶ。その後、アメリカ、アジア、日本の企業の再建を手がける。日本ＩＢＭ常務取締役、同顧問、玉川学園ＧＩＯシニアスタッフを歴任。また、そのほかの企業の社外役員・顧問も務める。

企業再建《きぎょうさいけん》に生《い》かすリーダーシップ
海外進出企業《かいがいしんしゅつきぎょう》の新《しん》ビジネスモデル

2006年 7 月 31 日　初版第 1 刷発行

著者 ――――――― 山岡法次
発行者 ――――― 小原芳明
発行所 ――――― 玉川大学出版部
〒194-8610 東京都町田市玉川学園 6-1-1
TEL 042-739-8935　FAX 042-739-8940
http : //www.tamagawa.jp/introduction/press/
振替 00180- 7 -26665
装幀 ―――――― しまうまデザイン
印刷・製本 ―――― 藤原印刷株式会社

乱丁・落丁本はお取り替えいたします。

ISBN4-472-30293-4 C0034 / NDC336